Pré-textes

Jean-Yves Pranchère

Qu'est-ce que
la royauté ?

Joseph
de
Maistre

J. VRIN

Qu'est-ce que la royauté ?

Pré-textes

Collection animée par
François Dagognet
et Alexis Philonenko

Qu'est-ce que la royauté ?
Joseph de Maistre

par

Jean-Yves Pranchère

Agrégé de l'Université

Paris
Librairie Philosophique J. Vrin
6, Place de la Sorbonne, 75005   1992

© *Librairie Philosophique J. VRIN,* 1992
Printed in France
ISBN 2-7116-1108-6

Introduction

Qu'est-ce que la royauté ?

Que la royauté soit un objet de réflexion philosophique (et non historique ou sociologique) ne va pas de soi. Il est tout d'abord douteux qu'il y ait une essence simple de la royauté. Les idées, les légitimations et les réalités de la royauté sont multiples et diverses. Quoi de commun entre la monarchie selon Bossuet, qui accorde au roi une puissance absolue et, sans le placer au-dessus de la justice, le place au-dessus de tout jugement, et la monarchie selon Benjamin Constant, théoricien d'une royauté qui serait un «pouvoir neutre» entre le pouvoir exécutif et le pouvoir législatif ? Quoi de commun entre le Roi de la Perse antique (celui que les Grecs de l'époque classique appelaient simplement « le Roi ») et l'actuel roi de Suède, entre Philippe le Bel, Ivan le Terrible et Louis XVIII ? Aucune de ces royautés ne correspond à une même idéologie, ni à une même réalité sociale et politique. Ainsi, par exemple, les monarchies de l'Europe contemporaine ont-elles peu à voir avec ce que la pensée politique classique, de Platon à Montesquieu, a entendu par monarchie : régime où un seul est souverain, où un seul homme commande et gouverne. La plupart des rois d'aujourd'hui, conformément à une formule célèbre, « règnent mais ne gouvernent pas ». Les monarchies européennes contemporaines ne sont plus susceptibles d'être opposées, comme le voulait la terminologie traditionnelle, à ces autres formes de gouvernement que sont la démocratie et l'aristocratie ; elles sont elles-mêmes des démocraties libérales, des régimes démocratiques « en forme monarchique »[1].

De là un certain flou qui affecte l'idée de royauté. Il est vrai que les classifications anciennes souffraient déjà en elles-mêmes d'une certaine indécision : elles semblaient d'une part déjouées par l'existence des « constitutions mixtes » qui mêlent éléments monarchiques, aristocratiques et démocratiques ; et, d'autre part, elles avaient le défaut de ne pas s'accorder entre elles : par exemple, tandis que le *Politique* de Platon fait de la tyrannie une variété de la monarchie, l'*Esprit*

1. Nous empruntons cette expression à S. Rials, « Monarchie et philosophie politique : un essai d'inventaire », in S. Rials, *Révolution et contre-révolution au XIXe siècle*, DUC/Albatros 1987, pp. 71 sqq. Cette étude offre une vue synthétique des différents types de monarchies et de légitimations philosophiques de la monarchie. On s'y reportera avec profit.

des lois de Montesquieu distingue la monarchie et la tyrannie comme deux types de régimes politiques différents. L'existence présente de démocraties libérales en forme de monarchies n'a fait qu'accroître la confusion, comme en témoignent les flottements du vocabulaire contemporain. Les trois termes qui sont aujourd'hui en usage – royauté, monarchie et monocratie – voient leur signification varier d'un auteur à l'autre. Les uns utilisent indifféremment les termes de monarchie et de monocratie pour désigner le pouvoir personnel d'un seul, et réservent le terme de royauté à la monarchie limitée. D'autres considèrent qu'il n'est de monarchie que limitée et distinguent donc la monarchie (toujours légitime) de la monocratie, désignant par ce dernier terme toute concentration du pouvoir dans les mains d'un seul homme, que ce pouvoir soit de fait ou de droit, limité ou illimité. D'autres enfin, bien que l'histoire nous offre des exemples de monarchies électives, n'entendent par monarchie rien d'autre que l'hérédité des fonctions de chef d'Etat.

Cette obscurité de la notion de royauté tient peut-être avant tout à ce que le phénomène de la royauté lui-même ne semble plus constituer un objet essentiel de la réflexion politique. C'est que l'époque contemporaine a connu l'avènement et le triomphe de deux principes, dont la combinaison définit idéalement la démocratie moderne : le principe *démocratique*, qui affirme l'égalité des hommes et la souveraineté du peuple, et le principe *libéral*, qui affirme l'inaliénabilité des droits et des libertés individuelles[1]. Un grand nombre de contemporains considère en conséquence que l'alternative aujourd'hui fondamentale pour la politique comme pour la philosophie politique est celle de la démocratie et du totalitarisme. En regard d'une telle alternative, la notion de royauté ne semble pas devoir constituer une catégorie politique décisive. Si nous sommes libéraux, le problème politique essentiel nous semble être celui de la préservation des droits de l'individu, c'est-à-dire de la limitation du pouvoir souverain quel qu'il soit ; la royauté doit donc nous apparaître comme une forme politique en elle-même indifférente, pourvu qu'elle soit soumise aux règles de l'Etat de droit. Il est vrai qu'en revanche, si nous sommes démocrates au sens le plus strict du terme, la royauté, au sens de la

1. Le libéralisme consiste à donner pour fin au politique la préservation du droit compris comme règle de coexistence des libertés individuelles. On peut le définir avec K. Popper (*La société ouverte*, t. 1, chap. 7) comme la suppression de la question « qui doit être souverain ? » au profit de la question : « comment limiter les pouvoirs du souverain ? » Le libéralisme se distingue par là de la démocratie, qui veut que le peuple soit souverain.

souveraineté d'un seul, doit nous apparaître comme une inacceptable usurpation. Mais la royauté ainsi comprise, en tant qu'elle s'oppose à la démocratie, semble appartenir au passé. Les régimes autoritaires et totalitaires d'aujourd'hui ont très rarement la forme de royautés. Rousseau déjà avait affirmé la compatibilité de la souveraineté du peuple et de la royauté, pourvu que celle-ci soit réduite à n'être qu'une forme de l'exécutif (*Contrat social*, III, 3).

Que nous soyons démocrates ou libéraux (ou les deux), la royauté a donc perdu son évidence. Nous ne serions plus en mesure d'égaler les rois à Dieu, de les tenir pour des images de Dieu sur terre, ainsi que l'ont voulu nombre des apologistes de la monarchie absolue. L'absolutisme qui fut par exemple celui d'un Bossuet, faisant du roi le père du peuple, lui accordant une puissance juridiquement illimitée, niant tout droit de ses sujets à lui résister, nous semble appartenir à un monde révolu – quand il ne nous semble pas annoncer, par tel accent totalitaire, le pire de notre présent. Ce ne sont plus les affirmations de Bossuet, mais celles de Victor Hugo qui sont désormais de sens commun : « Maintenant montrez-moi un homme de douze pieds de haut, suant de la lumière, ayant pour parole une musique étrange possible à lui seul, vivant cinq cents ans, et produisant son peuple, et m'ayant tiré moi-même de sa substance, et seul générateur dans un monde eunuque, cet homme surhumain, cet Auteur, je suis prêt à le saluer roi. Mais mon semblable, mais le sujet comme moi de la digestion pendant la vie et de la pourriture après la mort, mais le malade comme moi, le petit comme moi, l'ignorant comme moi, l'éphémère comme moi, celui-là mon souverain ? jamais. Fraternité, soit ; Autorité, point. Mon égal n'est pas mon maître ; mon frère n'est pas mon père. » [1]

Hugo refuse la monarchie parce qu'elle accorde au roi une autorité exorbitante. Le principe de la monarchie, entendue dans son sens strict, est selon lui que le monarque bénéficie d'une autorité telle qu'il suffit que ses décisions émanent de lui pour être justifiées. Autrement dit, les décisions du roi sont justes parce qu'elles sont celles du roi. Cette thèse n'exprime pas simplement le point de vue critique d'un adversaire de la monarchie : dans son livre *Du Pape* (1819), en défense de la monarchie, Joseph de Maistre n'hésite pas à affirmer que les décisions du souverain doivent être en tant que telles tenues pour infaillibles.

Voilà qui doit pour nous rendre l'idée de royauté, en tant qu'objet de réflexion philoso-

---

1. Victor Hugo, *Philosophie, commencement d'un livre*, II, X.

phique, plus problématique encore. Si la monarchie a pour fondement le principe de l'infaillibilité de l'autorité royale, ne s'ensuit-il pas que la philosophie, qui ne reconnaît pas d'autre autorité que celle de la raison, devrait répugner à la monarchie ? Puisque la philosophie identifie la raison à la volonté de ne se soumettre qu'à la seule force du meilleur argument, ne doit-elle pas nécessairement s'opposer au principe de la royauté, qui suppose que l'autorité royale n'a pas besoin d'argumentation pour avoir raison ?

Peut-être pourrions-nous dès lors être incités à croire en une affinité naturelle de la philosophie et de la démocratie. Platon lui-même reconnaissait à la démocratie le mérite d'être – la royauté des philosophes mise à part – le seul régime qui autorise l'existence et l'activité des philosophes. Nous pourrions ainsi voir en Socrate, citoyen athénien, passant sa vie à dialoguer sur la place publique, l'incarnation du lien entre philosophie et démocratie : la philosophie naissant et s'exerçant dans le cadre d'une démocratie, et partageant avec celle-ci un même régime d'exercice, le dialogue. Le lien de la démocratie et de la philosophie tiendrait à ce que toutes deux semblent bien partager un même idéal, la quête en commun de la vérité et de la décision au moyen de la libre discussion rationnelle. Dans la mesure où elle repose sur la confiance en la capacité de ses citoyens à se guider eux-mêmes, la démocratie n'est-elle pas le régime qui veut que tous les hommes soient capables d'autonomie, c'est-à-dire, puisque l'autonomie suppose une volonté éclairée, que tous les hommes soient philosophes[1]?

Et pourtant, on le sait, la philosophie fut très tôt méfiante à l'égard de la démocratie. Platon ne fait pas à la démocratie d'autre éloge que d'être le meilleur des mauvais régimes (*Politique*, 303a-b). Il voit en elle la tyrannie du peuple. Ce jugement est loin d'être isolé : la plupart des philosophes classiques ont manifesté une grande méfiance à l'égard de la démocratie. Kant lui-même, dans son *Projet de paix perpétuelle* (IIe section, 1er article définitif), tient la démocratie pour un régime nécessairement despotique, tandis qu'il souligne la compatibilité de la monarchie et du gouvernement représentatif, c'est-à-dire de la liberté.

C'est la *royauté* que Platon tient quant à lui pour le meilleur régime, *absolument* et *relativement*. La royauté est absolument le meilleur régime lorsqu'elle est, conformément au vœu du livre V de la *République*, royauté des philoso-

---

1. Cette idée est une des cibles de la critique faite par Léo Strauss de la démocratie moderne. (Cf. Léo Strauss, *Le libéralisme antique et moderne*, trad. O. Berrichon Sedeyn, Puf 1990, p. 15 sqq.)

phes : que le philosophe soit roi ou le roi philosophe, la royauté qui est royauté de la science et de
la sagesse est nécessairement parfaite. Que peut-on
en effet imaginer de meilleur que le pouvoir de
celui qui dispose du savoir philosophique, c'est-à-
dire d'un savoir que ne limite aucune spécialisa-
tion, d'un savoir à la fois moral et politique ? Un
tel savoir doit immanquablement assurer la justice
aussi bien que l'efficacité du pouvoir, sa bienfaisance aussi bien que sa capacité d'agir avec
pertinence selon les circonstances. C'est pourquoi
la royauté des philosophes (ou, mieux encore,
d'*un* philosophe ayant accompli en lui-même
l'idéal de la philosophie), étant *absolument* bonne,
ne peut être elle-même qu'une royauté *absolue*. Le
roi-philosophe n'a pas besoin d'être soumis à des
lois. Sa sagesse constitue la garantie nécessaire et
suffisante de la justice de son pouvoir ; l'absence
de l'entrave des lois lui permet de toujours
prendre la décision appropriée au cas et aux
circonstances qui se présentent. Il supplée ainsi
par sa sagesse à l'insuffisance des lois qui, en vertu
de leur généralité même, sont toujours inadaptées
à la singularité des circonstances de la vie politique.

Ce n'est toutefois pas dans le seul cas de la
monarchie absolue des philosophes que la royauté
apparaît comme le régime politique idéal. A

l'idéalité absolue de la royauté absolue du philosophe s'ajoute, lorsqu'il s'avère impossible de
faire coïncider le savoir et le pouvoir, l'idéalité
relative de la royauté limitée par des lois. Platon
explique dans son *Politique* que la royauté, même
lorsqu'elle est celle d'un homme faillible, reste le
meilleur des régimes pourvu qu'elle soit limitée
par des lois. Les lois remplacent pour le monarque
le savoir philosophique qui lui manque; éclairant
son action, limitant sa puissance, elles garantissent
que son pouvoir ne sera pas celui de l'ignorance et
de l'arbitraire. Même imparfaite, la royauté
conserve ainsi sa supériorité, qui est de ne pas
laisser l'exercice de la décision politique à une
foule ignorante, inconstante et divisée. Elle assure
mieux que tout autre régime l'autorité et l'unité de
commandement qui sont nécessaires à la survie de
la cité, tout comme l'autorité du pilote est nécessaire à la survie du navire et de son équipage.
Qu'elle procède donc de la sagesse du roi ou de la
sagesse des lois, la royauté est le régime le plus
propre à réaliser le pouvoir de la raison; elle est
seule capable de rendre la raison politiquement
puissante.

Il y aurait donc une supériorité philosophique
de la monarchie; celle-ci serait le régime politique de la rationalité, le régime politiquement
rationnel. Cette opinion est certes loin d'être

partagée par tous les philosophes[1] ; mais, s'il est vrai que rares sont les philosophes qui rêvent le rêve monarchiste jusqu'au bout, ce rêve n'en parcourt pas moins l'histoire de la philosophie. Il est présent jusque chez Aristote, pourtant partisan d'une république modérée combinant aristocratie et démocratie, mais qui considère que, s'il se présentait un homme d'une vertu exceptionnelle, il conviendrait de le faire roi (cf. *Politique*, III, 17). Et il se poursuit dans le rationalisme moderne, sous des modalités diverses, à travers des philosophies aussi différentes que celles de Bodin, Hobbes, Bossuet ou Pufendorf.

Il existe ainsi, de Platon à Maurras en passant par les juristes médiévaux, Fénelon ou Bonald, un argumentaire philosophique en faveur de la royauté. Cet argumentaire n'est certes pas unitaire : de même que le fait de la monarchie a changé de signification avec les mouvantes réalités sociales et politiques de l'histoire, de même l'idée de la royauté varie d'une philosophie à l'autre. Le concept de royauté n'est pas le même chez Hobbes ou Pufendorf, qui fondent la monarchie sur un contrat social, et chez Bonald, qui nie toute valeur

---

1. Ainsi que le fait remarquer S. Rials (*op.cit.*, p. 73 sqq.), les théoriciens de la monarchie pure sont rares. Platon lui-même, dans *Les Lois*, se rallie à une forme de constitution mixte.

à l'idée de contrat social ; il n'est pas le même chez Suarez, qui fait dériver le pouvoir souverain de Dieu à travers le peuple, chez Mariana, qui autorise le tyrannicide, et chez Maistre, qui tient que la souveraineté procède directement de Dieu et condamne toute résistance à son pouvoir. Ces importantes différences ne doivent cependant pas nous empêcher, fût-ce au risque d'une vision par trop anhistorique, de relever les traits les plus saillants de l'idée de royauté telle qu'elle s'est élaborée à travers la diversité des doctrines. Nous tenterons donc de caractériser cette idée dans sa généralité, afin de développer la question qui doit faire l'objet d'une réflexion philosophique : qu'est-ce qui fait la valeur et le droit de la royauté ?

* * *

L'idée de la royauté implique en elle l'idée de la légitimité. Le roi se définit comme le *souverain légitime*[1].

---

1. Il va de soi que cette définition, qui doit former le point de départ d'une problématique philosophique, ne prétend pas épuiser le phénomène de la royauté dans sa diversité historique et géographique. De fait, la royauté ne s'est pas toujours définie par la seule souveraineté : le roi indo-européen, par exemple, était moins souverain que prêtre (cf. E. Benveniste, *le vocabulaire des institutions indo-européennes* 2. *Pouvoir, droit, religion*, Minuit 1969,

Nous avons aujourd'hui encore une idée de la légitimité monarchique, puisque celle-ci continue d'exister et que nous savons la reconnaître ; personne ne conteste en effet la légitimité de la reine d'Angleterre ou de la reine des Pays-Bas. Cette légitimité nous est toutefois difficile à entendre dans la mesure où elle s'allie, de façon plus ou moins cohérente, au principe de la souveraineté populaire – principe dont les rois de l'Europe contemporaine eux-mêmes reconnaissent le bien-fondé, puisant même dans cette reconnaissance une part de leur propre légitimité. Aussi bien les monarques contemporains ne sont-ils pas authentiquement souverains, bien qu'un *prestige* reste attaché à leur titre royal, comme un écho de leur autorité ancienne.

Selon l'idée propre de la royauté, en revanche, le roi est pleinement *souverain*, ce qui exclut la souveraineté du peuple. On sait que c'est Jean Bodin, dont un des buts était la sauvegarde de la monarchie française menacée par les troubles de la Ligue, qui a donné la première définition du

livre 1 : «la royauté et ses privilèges»). Pour une vue d'ensemble sur les différentes significations de la royauté au cours de l'histoire, on se reportera notamment aux deux *Recueils de la Société Jean Bodin* consacrés à *La monocratie* (Bruxelles 1969 et 1970) ainsi qu'à l'ouvrage collectif *Les monarchies* (sous la direction de E. Le Roy Ladurie, Puf 1986).

concept de souveraineté. Dans sa *République*
(1576), il définit la souveraineté comme «puissance absolue et perpétuelle d'une République»
(*Rép.*, I, 8). Est souverain celui qui dispose de la
puissance de l'Etat de façon permanente et
absolue, c'est-à-dire sans être lui-même soumis à
l'autorité de quiconque. Aussi la principale
marque de sa souveraineté est-elle le pouvoir de
«donner et casser la loi» (*Rép.*, I, 10), pouvoir
d'où procèdent toutes ses autres prérogatives.
Dans la mesure où il a puissance de faire et
d'abroger les lois, le souverain est lui-même
«absous des lois», par quoi il faut entendre que
personne n'a droit ni pouvoir de contrainte sur
lui. Le souverain commande à ses sujets et ne
reçoit de commandement de personne. Ce que
déclarera encore, deux siècles plus tard, la *Doctrine du droit* de Kant : «dans l'Etat le souverain
n'a que des droits envers les sujets et pas de
devoirs (de contrainte).»[1] Il est donc de l'essence
de la souveraineté qu'on ne puisse lui résister : le
souverain étant la source de la loi, aucune
résistance active à la volonté souveraine ne peut
être légale ; une telle résistance signifie même le
refus de toute légalité en général, puisqu'elle est

1. Kant, *Doctrine du droit* (II, I, Remarque A), trad.
A. Philonenko, Vrin 1979, p. 201.

refus de reconnaître l'autorité souveraine d'où toute loi tire son autorité.

Selon le premier moment de son concept, la royauté est donc nécessairement *absolue*. En tant que *souverain*, le roi se définit de n'avoir dans l'Etat ni supérieur ni égal ; il est seul à disposer du pouvoir législatif et à n'être pas lié par les lois qu'il fait. Il dispose en outre, selon Bodin, du pouvoir de juger en dernier ressort et de faire grâce. Sa puissance est irrésistible ; ses décisions sont irrévocables par tout autre que par lui.

Mais en tant que souverain *légitime*, le roi s'oppose au tyran. Selon le second moment de son concept, la royauté est donc nécessairement *limitée*.

La royauté se définit de n'être pas un pouvoir tyrannique. De là vient que le mot de roi ne soit pas neutre mais ait valeur d'éloge : on utilise l'adjectif « royal » afin de marquer une admiration. On cite souvent l'étymologie proposée au VIIe siècle par Isidore de Séville, qui associe royauté et rectitude : « rex a recte agendo dicitur ». Cette formule condense la thèse d'Aristote, selon laquelle « le tyran n'envisage que son intérêt personnel, tandis que le roi a égard à celui de ses sujets » (*Ethique à Nicomaque*, VIII, 10). L'opposition du roi et du tyran n'est toutefois pas propre à Aristote ; elle est une constante de la philosophie politique classique. Elle est déjà présente chez Platon, qui définit le roi comme celui qui « gouverne conformément aux lois » et l'oppose au tyran, lequel agit sous l'inspiration de la passion et de l'ignorance « sans tenir compte des lois ni des coutumes » (*Politique* 301c).

La distinction entre royauté et tyrannie est décisive pour la définition de la royauté. Il est vrai qu'elle est peut-être plus complexe qu'il n'y paraît d'abord. Il convient en effet de distinguer, ainsi que l'ont fait saint Thomas d'Aquin et Bartole (XIVe siècle), entre tyran d'usurpation et tyran d'exercice. Dans son *Contrat social* (III, 10), Rousseau reprend cette distinction en proposant de qualifier de « despote » celui qui gouverne arbitrairement et de réserver le terme de tyran pour désigner l'usurpateur, celui qui « s'arroge l'autorité royale sans y avoir droit », mais dont le gouvernement peut ne pas être arbitraire. Nous nous trouvons ainsi en présence de trois critères concurrents de distinction entre royauté et tyrannie. Le tyran peut être dit tel soit parce qu'il ne détient pas son pouvoir en vertu de la source légitime, soit parce qu'il gouverne en vue de son seul plaisir et non de l'intérêt commun, soit parce qu'il gouverne sans tenir compte des lois.

Ces critères sont certes différents ; ils ne s'en laissent pas moins pour finir ramener à la dernière définition citée : le pouvoir tyrannique se caractérise par l'arbitraire, c'est-à-dire l'absence de loi, tandis que la royauté suppose la soumission du roi à des lois. La légitimité propre à l'autorité royale procède de la conformité de cette dernière à des lois. L'usurpation se définit en effet comme une violation de la loi de succession de la couronne ; à la différence de l'usurpateur, le roi tire sa légitimité de ce qu'il a accédé à son trône conformément à la loi fondamentale du royaume – par exemple, dans le cas de la France, conformément à la loi salique selon laquelle la couronne se transmet de mâle en mâle et d'aîné en aîné [1]. Quant à la définition de la royauté par la visée de l'intérêt public, elle suppose que le roi agisse conformément d'une part à la loi morale, qui lui demande de préférer le bien au plaisir, et d'autre part aux lois naturelles, qui définissent les conditions de la prospérité et du maintien de la cité. A la différence du tyran, le roi est dans tous les cas celui qui se soumet aux lois, que ces lois soient les lois constitutionnelles du royaume, les lois morales de

1. Sur la définition de la légitimité dans le cadre de la royauté française, cf. B. Barret-Kriegel, « la politique juridique de la monarchie française et les principes de son droit public » in *Les Monarchies*, Puf 1986, et S. Rials, « la dévolution de la couronne », in *Le miracle capétien*, Perrin 1987.

la raison ou de la religion, ou plus simplement les lois structurelles du monde social, contre lesquelles il est impossible de gouverner.

Aussi les théoriciens de l'absolutisme royal s'attachent-ils à souligner que la puissance *absolue* du roi n'est pas une puissance *arbitraire*. Bodin distingue la « monarchie royale », seule légitime, dans laquelle le roi respecte la liberté et la propriété de ses sujets, des monarchies illégitimes que sont la « monarchie seigneuriale », dans laquelle le roi respecte ses sujets comme étant sa propriété, et la « monarchie tyrannique », dans laquelle le roi ne respecte pas ses sujets. Bossuet affirme que les rois, bien qu'ils disposent d'une autorité absolue, « ne sont pas pour cela affranchis des lois » (*Politique tirée des propres paroles de l'Ecriture sainte*, IV, I, 4e prop.), les lois fondamentales de l'Etat étant inviolables (*id.*, I, IV, 8e prop.). La puissance absolue du roi n'est pas une toute-puissance, mais un pouvoir limité en fait comme en droit.

Il suit de là que monarchie absolue et monarchie limitée, pourvu que l'on entende par monarchie la souveraineté légitime d'un seul, sont la même chose. La monarchie limitée est aussi une monarchie absolue, puisque le roi y est souverain, de sorte qu'il ne peut être jugé et a la toute-puissance dans son domaine de compétence ; et la monarchie absolue est une monarchie limitée, puisque le roi y est roi, c'est-à-dire respecte les lois fondamentales du royaume aussi bien que les lois morales et naturelles. Ce paradoxe est apparu très tôt dans la théorie de la monarchie. On sait que les juristes médiévaux ont repris du droit romain deux formules apparemment antinomiques, «le prince est lié par les lois» et «le prince est délivré des lois». Ernst Kantorowicz, dans son livre *Les Deux Corps du Roi*[1], a souligné que ces deux formules ne se contredisaient pas : le roi n'est pas lié par la loi positive, qu'il doit pouvoir transformer si le bien ou le salut de la cité l'exigent ; mais il est soumis aux commandements de la Raison, c'est-à-dire à la loi naturelle ou divine. Selon les termes de saint Thomas d'Aquin, le roi n'est pas soumis au pouvoir coercitif (ou «coactif») de la loi positive, puisqu'il est seul à disposer du pouvoir de contraindre ; mais il est soumis au «pouvoir directif» de la loi de nature, à laquelle il doit vouloir se soumettre puisqu'il doit être juste. Il convient même d'ajouter avec Bossuet (*Politique...*, IV, I, 4e prop.) que le roi est également soumis au pouvoir directif de ces lois «positives» que sont les lois fondamentales du

1. E. Kantorowicz, *Les Deux Corps du Roi*, trad. Jean-Philippe et Nicole Genet, Gallimard 1989. Cf. en particulier le chapitre IV : «la royauté fondée sur la loi».

royaume. S'il est vrai en effet que l'urgence ou la nécessité peuvent autoriser le roi à défaire la loi positive, il n'en reste pas moins que le roi tient son trône des lois fondamentales du royaume; c'est donc de la loi qu'il tient son pouvoir d'abroger la loi.

La puissance royale est ainsi à la fois absolue et limitée parce qu'elle est à la fois irrésistible et réglée par des lois. Ce double caractère trouve son expression adéquate dans l'idée que la royauté est de droit divin, que le roi tient son pouvoir de Dieu dont il est ainsi le représentant. En tant qu'elle procède de Dieu, l'autorité royale est sacrée. Les rois «sont des dieux», comme le dit Bossuet (*Politique...*, IV, I, 2e prop.) : tout attentat contre la personne du roi est sacrilège; aucune résistance à la volonté du prince n'est permise. C'est là une conséquence de la nature propre de la souveraineté : le souverain n'est plus souverain s'il est permis de lui résister; le roi n'est plus roi si sa personne n'est pas sacrée. Mais cette sacralité humilie le roi autant qu'elle l'exhausse au-dessus des hommes. Dans son *Projet de paix perpétuelle*, Kant justifie les épithètes sacrées («oint du Seigneur», «représentant de Dieu») que l'on accorde aux souverains, parce qu'elles doivent donner au roi la conscience «qu'il s'est chargé d'un emploi supérieur aux forces d'un homme, savoir : protéger ce que Dieu a de plus sacré sur la terre, les droits de l'homme, et qu'il doit craindre sans cesse d'avoir porté quelque atteinte à ce gage chéri de la divinité »[1].

Que le roi soit le représentant de Dieu signifie qu'il doit vivre plus que tout autre homme dans la crainte de Dieu. Bossuet prévient que l'impunité des rois à l'égard des hommes « les soumet à des peines plus terribles devant Dieu (...) la primauté de leur état leur attire une primauté dans les supplices » (*Politique...* IV, II, 4e prop.). C'est cette même leçon que répète indéfiniment le *Télémaque* de Fénelon : sur le roi pèse une responsabilité à la mesure de sa puissance. Le pouvoir absolu est une charge ; son étendue même contraint le roi à vivre, plus que personne, dans l'inquiétude et l'angoisse de mal faire. La vie du monarque est une vie de souci. Le roi « n'est que le défenseur des lois pour les faire régner ; il faut qu'il veille et qu'il travaille pour les maintenir : il est l'homme le moins libre et le moins tranquille de son royaume ; c'est un esclave qui sacrifie son repos et sa liberté pour la liberté et la félicité publique » (*Télémaque*, XVIII).

---

1. E. Kant, *Projet de paix perpétuelle*, trad. anonyme revue par H. Wismann, in *Œuvres III*, Bibliothèque de la Pléiade, p. 344.

La royauté apparaît dès lors comme le meilleur gouvernement, parce qu'elle assure l'union de la force et de la justice. Etant absolue sans être arbitraire, la puissance du roi garantit à la fois l'ordre et la liberté. La royauté est ainsi le régime où l'autorité de l'Etat est à la fois la plus forte et la plus conforme à la raison.

La force de l'autorité de l'Etat dans la monarchie tient d'abord à ce que la volonté souveraine y est *une*. La volonté du roi est une volonté claire et indivise, égale à elle-même. Ce point a été particulièrement souligné par Hobbes (*Léviathan*, chapitre XIX) : la volonté d'un monarque est moins inconstante que celle d'une assemblée et, tandis qu'une assemblée peut être en désaccord avec elle-même, un roi ne le peut pas. La royauté est par là supérieure à tout régime, qu'il soit démocratique ou oligarchique, où la souveraineté est partagée entre plusieurs et où la volonté souveraine est de ce fait nécessairement divisée et instable. Plus profondément encore, il apparaît que la royauté est exigée par la nature même de la souveraineté ; elle est le seul régime à réaliser adéquatement l'essence de la souveraineté – qui est aussi l'essence de l'Etat. Bodin tire clairement de sa théorie de la souveraineté la thèse de la supériorité de la royauté : « le principal point de la République, qui est le droit de souveraineté, ne peut être ni subsister, à parler proprement, sinon en la Monarchie : car nul ne peut être souverain en une République qu'un seul. » (*République*, livre VI, chap. 4.) Certes, tous les Etats ne sont pas des monarchies ; la souveraineté peut être détenue par une aristocratie ou par le peuple. Mais peuple ou aristocratie ne sont pas des supports adéquats de la souveraineté. La souveraineté de plusieurs n'est la souveraineté de personne ; la volonté d'une assemblée n'est pas une authentique volonté, mais la résultante instable du conflit d'une multiplicité de volontés. La volonté souveraine, pour être effective, doit être une ; elle ne le peut qu'à la condition d'être la volonté d'un seul. Seul le roi peut être dit authentiquement souverain ; seule la royauté assure la réalité de l'Etat.

Cette réalité de l'Etat ne procède pas seulement de ce que la royauté garantit l'unité de commandement et donc l'efficacité du pouvoir ; elle tient en outre à ce que la royauté matérialise la dignité de l'Etat dans la majesté de la personne du roi. Par sa sacralité, le roi *incarne* la puissance souveraine de l'Etat. D'où il suit que l'essence de la royauté n'est pleinement réalisée que dans la monarchie *héréditaire*, ainsi que le veulent Bodin et Bossuet. L'hérédité assure d'une part la permanence de l'Etat en évitant toute vacance de la souveraineté ; elle accroît d'autre part la dignité

du monarque, en l'exhaussant absolument au-
dessus des autres hommes et en plaçant son titre
au-dessus de toute dispute ou contestation. L'autorité tenue de la naissance est plus haute que
l'autorité tenue de l'élection ; celle-ci a son origine
dans la volonté des sujets, tandis que celle-là
s'impose à leur volonté.

Mais l'autorité royale n'est pas seulement
forte ; elle est encore rationnelle. Ou plutôt, elle
est rationnelle pour les mêmes raisons qui font
qu'elle est forte. D'une part parce que la puissance
souveraine doit vouloir être rationnelle pour être
forte : l'autorité royale est d'autant mieux obéie
qu'elle est moins arbitraire. Mais surtout parce
que l'unité de la volonté souveraine est le gage de
la rationalité de la décision politique. La volonté
d'une assemblée, nous l'avons dit, n'est que le
produit hasardeux et instable d'un rapport de
forces conflictuelles ; elle n'est pas la volonté
cohérente d'un sujet cohérent ; elle procède au
mieux d'un compromis entre des argumentations
divergentes que rien ne vient unifier. Elle a donc
toutes les chances d'être irrationnelle, puisqu'elle
ne repose jamais sur une authentique *intégration*
des raisons et des volontés de chacun en une unité
supérieure. La décision royale, en revanche, qui
procède de l'unité d'une volonté, est de ce fait
même le résultat d'une délibération ordonnée par

un entendement. Alors que rien n'assure la synthèse des délibérations d'une assemblée, la délibération du monarque s'effectue selon la puissance synthétique d'une raison. Aussi la décision royale a-t-elle toutes les chances d'être rationnelle, puisqu'elle procède d'un rassemblement de la délibération par la réflexion. L'élaboration de la décision du monarque suit en effet le cours qui est celui de la décision rationnelle en tout individu : le roi s'informe auprès de ses conseillers et décide après avoir pris conseil. La volonté royale apparaît ainsi comme un organe de centralisation et d'unification des conseils et des savoirs. Elle est donc doublement conforme aux exigences de la raison, d'une part par la cohérence qu'elle introduit dans la *délibération* politique, d'autre part parce qu'elle permet la synthèse de la délibération dans l'unité d'une *décision*. La royauté a ainsi le mérite de permettre l'exercice de la rationalité en situation d'urgence : en tant qu'organe de centralisation de la délibération politique, le roi est mieux à même qu'une assemblée de faire rationnellement face aux circonstances exceptionnelles qui peuvent se présenter.

Nous résumerons ce qui fait la supériorité de la royauté en disant que la puissance royale, parce qu'elle est absolue en même temps que limitée, réalise l'essence monocratique de la souveraineté

sans en accomplir la virtualité tyrannique. Aristocratie et démocratie contredisent à la nature du
pouvoir souverain – qui pour être un doit être
celui d'un seul – sans pour autant se soustraire au
risque de la tyrannie, puisque la souveraineté de
plusieurs peut être tout aussi despotique que celle
d'un seul et risque même de l'être davantage, en
vertu de la faible rationalité de la volonté d'une
multitude divisée. A l'opposé, la royauté, conforme à « l'essence du politique » qui veut que « le
commandement tende naturellement vers la
monocratie »[1], n'en est pas moins le meilleur
rempart contre le despotisme puisqu'elle assure la
soumission du roi à l'intérêt public. En effet,
tandis que les intérêts privés du peuple ou de
l'aristocratie ne sont pas nécessairement iden-
tiques à l'intérêt public, la royauté assure la
confusion de l'intérêt public et de l'intérêt privé
du roi *au profit de l'intérêt public*. Ainsi que le
fait remarquer Hobbes, le roi n'a lui-même de
richesse, de gloire et de puissance qu'autant que
ses sujets eux-mêmes en ont. Ce qui est dans
l'intérêt privé d'une classe ou d'un parti n'est pas
pour autant dans l'intérêt public ; ce qui est dans
l'intérêt privé du roi, à savoir la sauvegarde et la

---

1. Ainsi que l'écrit J. Freund, *L'essence du politique*,
Sirey 1978, p. 131.

prospérité du royaume, est nécessairement dans l'intérêt public.

Par quoi s'avère, une fois de plus, la supériorité de la monarchie héréditaire sur la monarchie élective : la royauté héréditaire renforce en effet la confusion des intérêts royaux et nationaux par cela que le roi ne peut manquer d'avoir souci de léguer à ses descendants un royaume prospère. «Le prince qui travaille pour son Etat, travaille pour ses enfants ; et l'amour qu'il a pour son royaume, confondu avec celui qu'il a pour sa famille, lui devient naturel.» (Bossuet, *Politique*..., II, I, 10e prop.) L'hérédité permet en outre, parce qu'elle désigne le roi futur dès sa naissance, que soit donné à ce dernier l'éducation qui convient à un roi. La théorie de la monarchie s'achève ainsi dans une théorie de l'éducation du prince et est elle-même au service de cette éducation. *Né* pour régner, le prince sera *éduqué* pour régner ; il apprendra à connaître les lois du monde social et politique qu'il lui appartiendra de gouverner ; l'hérédité et l'éducation feront qu'il saura immanquablement exercer son métier avec prudence et équité.

Le portrait du roi ainsi tracé est assurément un portrait idéal, au double sens de cet adjectif : parce qu'il fait apparaître la royauté comme l'idéal de la politique, mais aussi parce que la royauté idéale ainsi décrite risque de ne pas correspondre à la réalité de la royauté. Certes, la concordance du fait monarchique et de l'idéal royal semble assurée par ces renforts nécessaires de la royauté que sont l'existence d'un conseil, la soumission du prince à la morale et à la religion, l'hérédité de la fonction royale, et surtout l'éducation par laquelle le futur monarque apprend à être roi. On ne peut néanmoins éviter de se demander si la conformité du fait monarchique à l'idéal royal est par là véritablement garantie.

Le roi est soumis aux lois sans être soumis aux hommes ; ce qui signifie que, *juridiquement*, la soumission du roi aux lois ne dépend de rien d'autre que de la bonne volonté du roi[1]. Le roi *doit* vouloir respecter les lois, aussi bien celles de la nature que celles de la constitution ; mais le

---

1. On fera peut-être remarquer que cette affirmation ne vaut que pour la monarchie absolue et restreint indûment le champ de référence du concept de royauté au phénomène historiquement délimité de l'absolutisme royal – voire de l'absolutisme français. Il est cependant permis de tenir l'idée de la monarchie absolue pour l'idée propre de la royauté. Lorsqu'elle abandonna définitivement le principe de l'irrésistibilité de la volonté royale et qu'elle soumit strictement le monarque à la légalité, la monarchie anglaise cessa d'être authentiquement monarchie.

respect de son devoir ne peut lui être imposé par personne d'autre que lui-même. Que le roi ait des devoirs envers ses sujets n'entraîne pas que ses sujets aient des droits sur lui : personne n'a droit de contraindre le roi à respecter les lois, fussent-elles fondamentales. La limitation de la puissance royale procède donc essentiellement de l'*auto*limitation de la volonté du roi.

Une ambiguïté s'introduit par là au coeur même de la notion de royauté. La royauté est soumise à des lois, sans quoi elle ne serait pas royauté ; mais seul le roi a pouvoir de soumettre sa propre volonté aux lois, sans quoi il ne serait pas roi. De ce fait, la distinction pourtant cardinale du roi et du tyran vacille en son principe même. Royauté et tyrannie semblaient d'abord des régimes de nature différente, le caractère constitutionnel de la royauté s'opposant à l'illégalité tyrannique ; il apparaît désormais que la royauté n'est constitutionnelle que par la volonté du roi. La différence entre royauté et tyrannie tient dès lors moins à la nature du régime qu'à la bonté du souverain – ce qui explique que Hobbes, déclarant que la tyrannie n'est rien d'autre que le nom que donnent à la monarchie ceux qui ne l'aiment pas, refuse de distinguer entre monarchie et tyrannie. Rien n'*interdit* en effet à la volonté royale, puisqu'elle est irrésistible, de devenir « tyrannique ».

De fait, si les théoriciens de l'absolutisme royal ont souligné que le roi était soumis aux lois fondamentales, les rois eux-mêmes n'ont quant à eux pas toujours résisté à la tentation de se croire au-dessus de ces lois. S'il est vrai que Bossuet affirme que le roi n'est pas propriétaire de son royaume, il est vrai aussi que Louis XIV pensait le contraire. C'est Bodin qui écrit que le royaume de France est déféré en vertu de la loi du royaume et non par succession paternelle ; mais c'est Louis XIV encore qui rédige en 1714 un édit destiné à légitimer ses bâtards, c'est-à-dire à violer la loi fondamentale du royaume qu'était la loi salique.

Mais précisément, répondra-t-on peut-être, l'édit de Louis XIV fut déclaré nul après sa mort : signe que la royauté se définit bel et bien de ce que le roi tient son pouvoir d'une constitution qu'il ne peut annuler. La distinction entre tyrannie et royauté reste donc intacte ; que la légalité de la royauté ne dépende que de la bonne volonté du roi ne change rien au fait que la royauté se définit par la légalité.

Une telle réponse ne nous délivre pourtant pas de la difficulté où nous sommes, qui tient au statut qu'il convient d'accorder à la volonté du roi lorsqu'elle viole une loi fondamentale du royaume. Une telle volonté est assurément illégale ; mais elle est tout aussi bien légale, puisque l'irrésistibilité de la volonté souveraine est au principe de toute légalité. De ce que la résistance à la volonté souveraine soit toujours illégale s'ensuit en effet que cette même volonté est toujours légale, y compris lorsqu'elle viole une loi fondamentale. Ce qui ne signifie rien d'autre sinon que la volonté du roi est légale même lorsqu'elle est illégale.

Mais le concept de légalité impliqué dans l'idée de royauté paraît par là entaché d'obscurité. L'idée que la volonté du souverain est de droit même lorsqu'elle viole le droit est difficilement intelligible ; elle suppose un usage au moins ambigu du concept de droit. Le terme de « droit » ne saurait en effet recevoir une seule et même signification selon qu'il désigne le droit du souverain – droit de contrainte qui n'est lui-même soumis à aucune contrainte – et selon qu'il désigne le droit des sujets – droit non contraignant qui doit plier devant le droit de contrainte du souverain. Maistre résumera à son insu la difficulté en déclarant qu'« il est vrai, au fond, que les peuples ont des droits, mais non celui de les faire valoir »[1]. Mais qu'est-ce qu'un droit qu'on n'a pas le droit de faire valoir ?

La difficulté est double. Elle tient d'abord à ce que la théorie de la royauté hésite sur la nature de

---

1. Joseph de Maistre, *Œuvres complètes* XII, p. 481.

la légalité, qu'elle définit à la fois comme l'émanation de la volonté royale et, au moins pour ce
qui est des lois constitutionnelles, comme une
réalité indépendante de la volonté royale. Elle
tient ensuite à ce que le droit s'entend de deux
façons différentes : au sens du droit positif, que
définissent la constitution et les lois effectives de
l'Etat réel dans lequel je vis ; et au sens du droit
naturel[1], qui se définit indépendamment des lois
positives et s'identifie à la justice naturelle ou à
l'idée rationnelle du droit. Le droit positif est ce
qui est déclaré juste par l'Etat, c'est-à-dire par la
volonté du souverain exprimée dans les lois ; le
droit naturel est ce qui est juste « en soi ». Les
théoriciens classiques de la royauté reconnaissent
cette différence ; ils savent que la volonté royale
peut être légale sans être authentiquement juste.
Mais ils refusent que l'on puisse invoquer le droit
naturel pour résister à la volonté du prince et
refuser le droit positif. Seule la réalité de l'Etat

---

1. Sur cette notion, cf. *Droit naturel et histoire* de
L. Strauss et *Philosophie du droit* de M. Villey. Nous
prenons le droit naturel en son sens le plus large, sans le
distinguer, comme une analyse plus précise l'exigerait, de
la loi naturelle. Le droit naturel n'a pas le même sens selon
qu'il se fonde dans l'ordre du monde, dans l'idée
rationnelle du droit ou dans la puissance de l'individu à
l'état de nature. Mais ces différences, en elles-mêmes
essentielles, n'entrent pas en compte pour notre propos.

permet la réalisation de la justice ; ce n'est que par le droit positif que le droit naturel entre dans les faits. La justice « en soi » exige donc que l'on respecte la légalité positive. Le droit positif et la volonté du prince ont beau ne pas toujours être conformes aux exigences de la raison ou du droit naturel, la raison et le droit naturel n'en exigent pas moins que l'on se soumette au droit positif et à la volonté du souverain quels qu'ils soient. La volonté souveraine est donc légitimée par le droit naturel lors même qu'elle le viole. La différence de la justice et de la légalité (ou du droit naturel et du droit positif) est par là annulée au moment même où elle est affirmée.

Mais cette position est antinomique en elle-même. Ou bien la source du droit se situe hors de la volonté du souverain, que ce soit dans les lois fondamentales ou dans un droit naturel ; auquel cas il semble difficile d'affirmer la stricte irrésistibilité du pouvoir souverain. Ou bien la volonté du souverain est l'unique source du droit ; auquel cas le droit se réduit au droit de la force du souverain. Soutenir en effet que ni les lois fondamentales ni le droit naturel n'autorisent une quelconque résistance au pouvoir souverain, c'est nier la légalité des lois fondamentales aussi bien que le titre du droit naturel à porter le nom de droit. Une telle négation, impliquée dans l'affir-

mation du caractère absolu de la puissance royale,
doit conduire à la confusion de la puissance et du
droit, à la fondation du droit sur la puissance.
Mais une fondation du droit sur la simple
puissance contredirait le concept même de la
royauté comme légitimité : elle est donc à la fois
inévitable et impossible [1].

Il est vrai que cette difficulté ne pouvait pas
apparaître comme telle à un Bodin ou à un
Bossuet. Le problème de la limitation du pouvoir
royal ne devait pas à leurs yeux avoir besoin d'une
solution juridique dans la mesure où il trouvait
une solution suffisante dans l'idée du droit divin
de la royauté. Selon cette idée, le pouvoir royal
trouve son fondement ultime dans la volonté de la
Providence : c'est Dieu qui confère leur pouvoir
aux rois ; c'est Dieu qui veut qu'on leur obéisse.
Dès lors le problème de la limite de la puissance
royale ne saurait constituer un problème *sérieux* :
la volonté divine, qui supporte la puissance royale,
en est simultanément la limite. Le roi n'a de
puissance que dans les limites des plans de la
providence ; s'il heurte les lois divines, la volonté

1. De là l'indécision ultime d'un Bossuet sur la
question du droit de résistance. Après avoir condamné toute
résistance au souverain, Bossuet affirme néanmoins qu'il
est permis de résister au roi « quand il commande contre
Dieu » (*Politique...*, VI, II, 2ᵉ prop.).

divine le punira. C'est Dieu lui-même qui garantit les hommes contre l'injustice des princes. Fénelon prévient les rois injustes de ce qu'ils prennent le risque de voir leur autorité renversée par «une révolution soudaine et violente» (*Télémaque*, XVII).

Mais la providence divine ne dévoile pas ses plans ; s'il peut lui arriver de renverser les mauvais princes par des révolutions, elle n'en condamne pas moins ceux qui leur désobéissent. La puissance du prince, qu'elle soit juste ou injuste, reste donc en droit illimitée ; c'est à la providence seule qu'il revient, le cas échéant, d'en annuler les effets. Mais cela signifie que la légalité de la volonté royale n'a en dernière instance d'autre base que factuelle : puisque la providence agit le plus souvent à travers la volonté et l'action des hommes, il faut reconnaître que le critère ultime de la légalité de la volonté royale ne peut être rien d'autre que la puissance du roi à imposer durablement sa volonté, à lui donner la force d'un fait durable.

Or cette puissance elle-même ne dépend pas de la constitution, mais de l'état des rapports de force entre les différents intérêts qui composent et divisent le champ social et politique. Après tout, ce n'est pas simplement parce que la loi salique l'exigeait que Henri IV est parvenu au trône ; c'est plutôt parce que Henri IV, au terme d'une histoire mouvementée, est parvenu au trône que la loi salique s'est maintenue. Ce ne sont pas les lois fondamentales elles-mêmes qui ont assuré le respect des lois fondamentales de la royauté française, mais bien les actions d'individus concrets mûs par des croyances et des intérêts variables selon leur position sociale et leur moment historique. Ainsi que le rappelle Norbert Elias dans son livre *La dynamique de l'Occident*, la puissance du roi reposait d'abord sur le fait que noblesse et bourgeoisie, en tant que groupes sociaux interdépendants et également puissants, donc se tenant réciproquement en échec, avaient tous deux intérêt à l'existence d'une royauté très puissante susceptible d'exercer une fonction d'arbitrage. Le roi n'était absolu que de savoir, ainsi que le fit Louis XIV, maintenir l'équilibre des forces en présence et neutraliser noblesse et bourgeoisie l'une par l'autre au profit de son propre pouvoir; l'*indépendance* de cette puissance était elle-même extrêmement *dépendante* de la configuration du champ social[1].

Cela, les théoriciens classiques de la royauté le savaient à leur façon lorsqu'ils affirmaient la

---

1. Cf. N. Elias, *La dynamique de l'Occident* (trad. P. Kamnitzer, Calmann-Lévy 1975), chapitre V : « Le mécanisme absolutiste ».

nécessaire soumission du roi à la providence. Mais ils accompagnaient cette affirmation de la croyance en l'éternelle nécessité de la fonction royale ; et c'est à la seule volonté royale qu'ils reconnaissaient le pouvoir d'être source de droit par le seul fait de son succès. Lorsqu'il prévenait les mauvais rois du danger d'une révolution, Fénelon n'en affirmait pas moins que la volonté des rois était toujours sacrée ; il avait pour motif l'horreur de la révolution.

Or précisément une révolution a eu lieu, qui a mis fin au « miracle capétien » de la royauté française. La révolution française, qui est venue frapper un roi qui n'avait certes rien d'un tyran, a montré que l'équilibre des forces sociales sur quoi s'était appuyée la royauté n'avait rien d'éternel ; et elle a mis à mort Louis XVI pour n'avoir pas su accepter une transformation de sa fonction, pour n'avoir pas voulu sacrifier le droit divin de la royauté traditionnelle au droit nouveau de la représentation du peuple. Produit paradoxal de la royauté elle-même, cette crise de la royauté a fait voir à travers sa violence les contradictions qui étaient celles de l'institution royale ; par là, il est permis de dire qu'elle a été la réfutation tragique des théories classiques de la royauté.

*   *
  *

Joseph de Maistre est contemporain de la révolution française, à laquelle il assiste de l'extérieur, depuis le royaume de Piémont-Sardaigne dont, Savoyard, il est citoyen. Son hostilité à la révolution est immédiate et totale ; l'effondrement de la royauté, évident à ses yeux dès la nuit du 4 août 1789, le remplit d'horreur. Son œuvre entière procède de cette horreur ; ses écrits s'organisent essentiellement autour d'une visée polémique dirigée contre les principes de la révolution et de la pensée des Lumières, coupable aux yeux de Maistre d'avoir préparé la destruction de l'autorité traditionnelle. La pensée maistrienne est ainsi intégralement aimantée par une tâche : jeter, contre la philosophie des Lumières, les bases théoriques d'une restauration de l'autorité et en particulier de la royauté traditionnelle de droit divin.

Cette restauration théorique prend d'abord l'allure d'une répétition de l'argumentaire royaliste traditionnel. C'est avec raison que M. Boffa peut écrire que Maistre fut « un des derniers défenseurs de la souveraineté en tant que telle » [1] ; de l'*Etude sur la souveraineté* (1794-1795, publiée à titre posthume) à *Du Pape* (1819), la pensée maistrienne consiste pour une large part dans une

---

1. M. Boffa, « Joseph de Maistre : la défense de la souveraineté », in *le débat* n° 39 (mars-mai 1986), p. 92.

récapitulation de la théorie classique de la
souveraineté. Contre les révolutionnaires français, Maistre rassemble des arguments qu'il puise
à la fois chez Bodin, Hobbes, Bossuet ou
Pufendorf. Il réaffirme ainsi l'impossibilité du
droit de résistance au souverain ; il tire de
l'événement de la Terreur une nouvelle confirmation de la pente nécessairement despotique de la
démocratie ; il refait une fois encore la démonstration de l'excellence de la royauté comme seul
régime adéquat aux nécessités de la souveraineté[1].

Mais cet effort de restauration des fondements
de la royauté ne peut s'en tenir à une répétition de
Bodin ou de Bossuet. C'est que le « fait providentiel » que Maistre a sous les yeux n'est plus,
comme c'était le cas pour Bossuet, la pérennité de
la monarchie française, mais au contraire la
rupture de son histoire. On sait comment les
Considérations sur la France (1797) décrivent la
révolution française à la fois comme un phénomène « satanique », déchaînement de violence et
de mal, et comme une œuvre miraculeuse de Dieu
faisant servir au bien le mal révolutionnaire

1. Cf. sur ces points l'*Etude sur la souveraineté* (in
Œuvres complètes I, Vitte 1884, reprint Georg Olms 1984)
et la *Cinquième lettre d'un royaliste savoisien*, éditée et présentée par J. L. Darcel in *Revue des Etudes maistriennes*
n° 4, Les Belles Lettres 1978.

destiné à châtier la France en vue de sa régénération. Or la nécessité providentielle de cette
régénération prouve que la royauté n'était plus à
la hauteur de son essence. Parce qu'il écrit après la
révolution française, Maistre ne peut ignorer que
l'idée classique du droit royal était insuffisante. Sa
défense de la légitimité royale ne peut éviter de
s'accompagner d'une reformulation et d'une
refondation des principes du droit divin des rois.

Cette reformulation s'accomplit dans le
contexte d'un combat virulent aussi bien contre
l'idée démocratique que contre l'idée libérale. La
théorie maistrienne de la légitimité royale a pour
corrélat le refus de l'idée du droit impliquée dans
les principes de la déclaration des droits de
l'homme. Bien plus radical que Burke – qui,
critiquant l'idée révolutionnaire du droit au nom
des « *véritables* droits de l'homme »[1], ne suppri-
mait pas l'idée de loi naturelle –, Maistre refuse
l'idée même que « l'homme », fiction abstraite,
puisse comme tel avoir des droits. Il rejoint ainsi
son ami le vicomte de Bonald, qui ne voyait dans
la déclaration des droits de l'homme qu'un
ensemble de maximes vagues et contradictoires et
espérait son abolition par une déclaration des

1. E. Burke, *Réflexions sur la révolution de France*,
trad. P. Andler, Hachette 1989, p. 74.

droits de Dieu[1]. Le droit de la royauté se définit maintenant comme la négation de l'idée libérale du droit compris comme organisation de la coexistence des libertés.

Or la théorie classique de la souveraineté n'était pas opposée à l'idée des droits de l'homme. Chez Hobbes aussi bien que chez Kant, la souveraineté était au service de la protection de ces droits. Maistre ne renonce certes pas à l'idée que le roi doit protéger le droit; mais la notion de droit a désormais perdu la dimension universelle qui était la sienne jusque dans l'absolutisme d'un Bossuet. Il est à cet égard révélateur que le thème des devoirs du roi, qui occupait une si grande place dans l'œuvre de Bossuet ou de Fénélon, ne joue quasiment aucun rôle dans la pensée maistrienne. Soucieux de donner une forme cohérente à l'idée du droit absolu de la royauté, Maistre a été conduit – au risque de construire une théorie autoritaire contredisant sa propre base chrétienne – à sacrifier l'idée de droit naturel[2]. Il n'y a désormais d'autre source du droit que la confir-

1. L. de Bonald, *Législation primitive*, Discours préliminaire, in *Œuvres complètes* t. II, Slatkine 1982, pp. 178-250.
2. On se reportera sur ce point à l'étude de R. Lebrun, «Joseph de Maistre et la loi naturelle», *Revue des Etudes maistriennes* n° 8, Les Belles Lettres 1983.

mation de la volonté royale par la durée historique. Le droit naturel se voit redéfini de façon à ne pouvoir s'entendre autrement qu'au sens d'un droit local ou historique : sont de droit naturel les droits et les pouvoirs spécifiques qu'inscrivent dans la durée les circonstances contraignantes – et par là «naturelles» – de l'histoire et de la société. La volonté souveraine reste ainsi, il est vrai, rapportée à un droit «naturel» qui s'en distingue ; mais ce droit n'a rien du droit «contrefactuel» qu'était le droit naturel classique ; c'est au contraire un droit intégralement fondé dans le fait de la puissance et de la durée historique.

« Ce n'est pas une si mauvaise méthode que *d'établir le Droit par le fait.* »[1] Écrivant ces lignes, Maistre s'inscrit dans la tradition de la philosophie providentialiste de la royauté ; car le fait ne peut fonder le droit que parce qu'il déclare la volonté de Dieu. Le droit de la royauté, pour Maistre comme pour Bossuet, se fonde dans la providence : c'est parce qu'elle n'existe que par le soutien de la puissance divine que la puissance

1. Joseph de Maistre, *De l'état de Nature*, édition critique par J. L. Darcel, *Etudes maistriennes* n° 2, Les Belles Lettres 1976, p. 80. (Cf. également *Œuvres complètes*, VII, p. 539.)

royale n'a besoin que d'être réelle pour être de droit.

Mais à la différence de Maistre, qui dans ses *Considérations sur la France* s'efforce de lire les plans de la divinité à même l'événement révolutionnaire, le providentialisme classique ne pensait pas qu'il fût possible d'apercevoir le plan de la providence dans le présent immédiat. Aussi cherchait-il les témoignages de la volonté divine dans les idées de la raison, refusant de confondre absolument le droit et le fait. C'est au nom de l'idée universelle d'un droit naturel commun à l'humanité qu'il réclamait la soumission de chacun aux puissances positives. La pensée maistrienne refoule quant à elle cette idée d'un droit naturel supérieur et extérieur à l'histoire ; elle refuse de chercher l'expression de la volonté divine ailleurs que dans l'histoire. Elle libère ainsi, au profit du droit divin de la royauté, l'historicisme qui restait « retenu » dans la théorie classique de la légitimité monarchique. Mais le paradoxe de cet historicisme est qu'il asseoit la royauté sur l'histoire au moment même où commence l'histoire du déclin de la royauté.

Texte

Préface *de l'*Essai sur le principe générateur
des constitutions politiques *(mai 1814)[1]*.

La politique, qui est peut-être la plus épi-
neuse des sciences[2], à raison de la difficulté
toujours renaissante de discerner ce qu'il y a de
stable ou de mobile dans ses éléments[3], présente
un phénomène bien étrange et bien propre à
faire trembler[4] tout homme sage appelé à
l'administration des Etats : c'est que tout ce que
le bon sens[5] aperçoit d'abord dans cette science
comme une vérité évidente, se trouve presque
toujours, lorsque l'expérience[6] a parlé, non
seulement faux, mais funeste.

A commencer par les bases, si jamais on
n'avait ouï parler de gouvernements, et que les
hommes fussent appelés à délibérer, par
exemple, sur la monarchie héréditaire ou élective, on regarderait justement comme un
insensé celui qui se déterminerait pour la

première. Les arguments contre elle se présentent si naturellement à la raison, qu'il est inutile de les rappeler[7].

L'histoire cependant, qui est la politique expérimentale[8], démontre que la monarchie héréditaire[9] est le gouvernement le plus stable[10], le plus heureux[11], le plus naturel[12] à l'homme, et la monarchie élective, au contraire, la pire espèce des gouvernements connus[13].

En fait de population, de commerce, de lois prohibitives, et mille autres sujets importants, on trouve presque toujours la théorie la plus plausible contredite et annulée par l'expérience[14]. Citons quelques exemples[15].

Comment faut-il s'y prendre pour rendre un Etat puissant? «Il faut avant tout favoriser la population par tous les moyens possibles.»[16] Au contraire, toute loi tendant directement à favoriser la population, sans égard à d'autres considérations, est mauvaise. Il faut même tâcher d'établir dans l'Etat une certaine force morale qui tende à diminuer le nombre des mariages, et à les rendre moins hâtifs. L'avantage des naissances sur les morts établi par les tables ne prouve ordinairement que le nombre

des misérables, etc., etc. Les économistes français[17] avaient ébauché la démonstration de ces
vérités, le beau travail de M. *Malthus*[18] est venu
l'achever.

*Comment faut-il prévenir les disettes et les
famines?* – «Rien de plus simple. Il faut
défendre l'exportation des grains.» – Au
contraire, il faut accorder une prime à ceux qui
les exportent[19]. L'exemple et l'autorité de
l'Angleterre[20] nous ont forcés d'*engloutir* ce
paradoxe.

*Comment faut-il soutenir le change en
faveur d'un pays?* – «Il faut sans doute empêcher le numéraire de sortir; et, par consé-
quent, veiller par de fortes lois prohibitives à ce
que l'Etat n'achète pas plus qu'il ne vend.» Au
contraire, jamais on n'a employé ces moyens
sans faire baisser le change, ou, ce qui revient
au même, sans augmenter la dette de la nation;
et jamais on ne prendra une route opposée sans
le faire hausser, c'est-à-dire, sans prouver aux
yeux que la créance de la nation sur ses voisins
s'est accrue, etc., etc.[21]

Mais c'est dans ce que la politique a de plus
substantiel et de plus fondamental[22], je veux dire

dans la constitution[23] même des empires[24], que l'observation dont il s'agit revient le plus souvent. J'entends dire que les philosophes allemands[25] ont inventé le mot *métapolitique*[26], pour être à celui de *politique* ce que le mot *métaphysique* est à celui de *physique*. Il semble que cette nouvelle expression est fort bien inventée pour exprimer la *métaphysique de la politique*[27]; car il y en a une, et cette science mérite toute l'attention des observateurs.

Un écrivain anonyme[28] qui s'occupait beaucoup de ces sortes de spéculations, et qui cherchait à sonder les fondements cachés[29] de l'édifice social, se croyait en droit, il y a près de vingt ans, d'avancer, comme autant d'axiomes[30] incontestables, les propositions suivantes diamétralement opposées aux théories du temps[31].

1°. Aucune constitution ne résulte d'une délibération[32] : les droits du peuple ne sont jamais écrits, ou ils ne le sont que comme de simples déclarations de droits antérieurs non écrits[33].

2°. L'action humaine est circonscrite dans ces sortes de cas, au point que les hommes qui agissent ne sont que des circonstances[34].

3°. Les droits des peuples proprement dits partent presque toujours de la concession des souverains, et alors il peut en conster[35] historiquement : mais les droits du souverain et de l'aristocratie n'ont ni date ni auteurs connus[36].

4°. Ces concessions mêmes ont toujours été précédées par un état de choses qui les a nécessitées et qui ne dépendait pas du souverain[37].

5°. Quoique les lois écrites ne soient jamais que des déclarations de droits antérieurs, il s'en faut de beaucoup cependant que tous ces droits puissent être écrits[38].

6°. Plus on écrit, et plus l'institution est faible[39].

7°. Nulle nation ne peut se donner la liberté[40], si elle ne l'a pas[a] ; l'influence humaine ne s'étendant pas au-delà du développement des droits existants[41].

8°. Les législateurs proprement dits sont des hommes extraordinaires qui n'appartiennent peut-être qu'au monde antique et à la jeunesse des nations[42].

9°. Ces législateurs, même avec leur puissance merveilleuse, n'ont jamais fait que rassembler des éléments préexistants, et toujours ils ont agi au nom de la Divinité[43].

10°. La liberté[44], dans un sens, est un don des Rois[45]; car presque toutes les nations libres[46] furent constituées par des Rois[b].

11°. Jamais il n'exista de nation libre qui n'eût dans sa constitution naturelle des germes de liberté aussi anciens qu'elle, et jamais nation ne tenta efficacement de développer par ses lois fondamentales écrites d'autres droits que ceux qui existaient dans sa constitution naturelle[47].

12°. Une assemblée quelconque d'hommes ne peut constituer une nation[48]. Une entreprise de ce genre doit même obtenir une place parmi les actes de folie[49] les plus mémorables[c].

Il ne paraît pas que, depuis l'année 1796, date de la première édition[50] du livre que nous citons[d], il se soit passé dans le monde rien qui ait pu amener l'auteur à se repentir de sa théorie. Nous croyons au contraire que, dans ce moment, il peut être utile de la développer pleinement et de la suivre dans toutes ses conséquences, dont l'une des plus importantes, sans doute, est celle qui se trouve énoncée en ces termes au chapitre X du même ouvrage :

L'homme ne peut faire de souverain[51]. Tout au plus, il peut servir d'instrument pour déposséder un souverain et livrer ses Etats à un autre souverain déjà prince.... « *Du reste, il n'a jamais existé de famille souveraine dont on puisse assigner l'origine plébéienne. Si ce phénomène paraissait, ce serait une époque du monde*[52]. »[e]

On peut réfléchir sur cette thèse, que la *censure divine* vient d'approuver d'une manière assez solennelle. Mais qui sait si l'ignorante légèreté de notre âge ne dira pas sérieusement : *S'il l'avait voulu, il serait encore à sa place ?* comme elle le répète encore après deux siècles : *Si Richard Cromwell avait eu le génie de son père, il aurait fixé le protectorat dans sa famille ;* ce qui revient précisément à dire : *Si cette famille n'avait pas cessé de régner, elle règnerait encore.*

Il est écrit : C'EST MOI QUI FAIS LES SOUVERAINS[f]. Ceci n'est point une phrase d'église, une métaphore de prédicateur ; c'est la vérité littérale, simple et palpable. C'est une loi du monde politique. Dieu *fait* les Rois, au pied de la lettre[53]. Il prépare les races royales ; il les mûrit au milieu d'un nuage qui cache leur origine[54]. Elles paraissent ensuite *couronnées de gloire et d'honneur*; elles se placent; et voici le plus grand signe de leur légitimité.

C'est qu'elles s'avancent comme d'elles-mêmes, sans violence d'une part, et sans délibération marquée de l'autre : c'est une espèce de tranquillité magnifique qu'il n'est pas aisé d'exprimer. *Usurpation légitime*[55] me semblerait l'expression propre (si elle n'était point trop hardie[56]) pour caractériser ces sortes d'origines que le temps se hâte de consacrer.

Qu'on ne se laisse donc point éblouir par les plus belles apparences humaines. Qui jamais en rassembla davantage que le personnage extraordinaire dont la chute retentit encore dans toute l'Europe[57]? Vit-on jamais de souveraineté en apparence si affermie, une plus grande réunion de moyens, un homme plus puissant, plus actif, plus redoutable? Longtemps nous le vîmes fouler aux pieds vingt nations muettes et glacées d'effroi; et son pouvoir enfin avait jeté certaines racines qui pouvaient *désespérer l'espérance.* – Cependant il est tombé, et si bas, que la pitié qui le contemple recule, de peur d'en être *touchée*. On peut, au reste, observer ici en passant que, par une raison *un peu* différente, il est devenu également difficile de parler de cet homme, et de l'auguste rival qui en a débarrassé le monde[58]. L'un échappe à l'insulte et l'autre à la louange. – Mais revenons.

Dans un ouvrage[59] connu seulement d'un petit nombre de personnes à Saint-Pétersbourg, l'auteur écrivait en l'année 1810 :

« *Lorsque deux partis se heurtent dans une révolution, si l'on voit tomber d'un côté des victimes précieuses, on peut gager que ce parti finira par l'emporter, malgré toutes les apparences contraires.* »[60]

C'est encore là une assertion dont la vérité vient d'être justifiée de la manière la plus éclatante et la moins prévue. L'ordre moral a ses lois comme le physique[61], et la recherche de ces lois est tout à fait digne d'occuper les méditations du véritable philosophe[62]. Après un siècle entier de futilités criminelles[63], il est temps de nous rappeler ce que nous sommes[64], et de faire remonter toute science à sa source[65].

Notes de Joseph de Maistre :

[a] Machiavel[66] est appelé ici en témoignage : *Un populo uso a vivere sotto un principe, se per qualche accidente diventa libero, con difficoltà mantiene la libertà*[67] (Disc. sopr. Tit. Liv. I, cap. 16).

[b] Ceci doit être pris en grande considération dans les monarchies modernes[68]. Comme toutes légitimes et saintes franchises de ce genre doivent partir du souverain, tout ce qui lui est arraché par la force est frappé d'anathème. *Ecrire une loi*, disait très bien Démosthène, *ce n'est rien : c'est le FAIRE-VOULOIR qui est tout.* (Olynt. III.)[69] Mais si cela est vrai du souverain à l'égard du peuple, que dirons-nous d'une *nation*, c'est-à-dire, pour employer les termes les plus doux, d'une poignée de théoristes échauffés[70] qui proposeraient une constitution à un souverain légitime comme on propose une capitulation à un général assiégé ? Tout cela serait indécent[71], absurde, et surtout nul.

[c] Machiavel est encore cité ici : *E necessario che uno sia quello che dia il modo e della cui mente dipenda qualunque simile ordinazione*[72] (Disc. sopr. Tit. Liv., lib. I, cap. 9).

[d] *Considérations sur la France*, chap. VI.

[e] *Considérations sur la France*, chap. X, § III.

[f] *Per me reges regnant*, Prov. VIII, 15.

Notes et remarques :

1) Nous suivons le texte de l'édition des *Œuvres complètes* (désormais abr. *OC*), tome I, Vitte et Perrussel, Lyon 1884 (reprint Georg Olms Verlag, Hildesheim 1984). On consultera également l'édition critique de l'*Essai sur le principe générateur...* établie par Robert Triomphe à partir du manuscrit (Joseph de Maistre, *Des constitutions politiques*, édition critique avec une introduction et des notes par R. Triomphe, Publications de la Faculté des Lettres de l'Université de Strasbourg, Les Belles Lettres 1959).

Les notes de Joseph de Maistre, signalées par des lettres minuscules, ont été reportées en fin de texte.

2) Le plus souvent, Maistre réserve le terme de « science » aux seules sciences naturelles. Ainsi que l'a souligné Y. Madouas dans sa thèse inédite *Critique et régénération chez Joseph de Maistre* (Paris IV 1984), les sciences naturelles ont selon Maistre pour privilège de pouvoir, sur la base de la seule activité de la raison et de l'expérience conjuguées, se développer de manière *autonome*. Mais leur autonomie a pour revers leur *inessentialité* : ne nous renseignant ni sur les causes ni sur

les buts ultimes de l'existence, elles sont inutiles pour résoudre les questions décisives, qui sont celles de la métaphysique, de la morale et de la politique. Ces questions ne peuvent être résolues par les voies de la science : «plus les sciences se rapportent à l'homme, moins elles peuvent se passer de la religion» (*Soirées de Saint-Pétersbourg*, X, *OC* V p. 184). Le savoir moral et politique ne peut faire l'objet d'une invention ; il faut qu'il soit *déjà donné*, fût-ce sous forme enveloppée, dans les contenus de la tradition. A la différence de la science, la politique ne peut donc s'édifier que par et dans le respect de l'autorité établie et des «excellents préjugés» qui composent le sens commun moral (cf. *OC* I pp. 399-416). Il est néanmoins possible de conférer à la politique, ainsi que le fait ici Maistre, le titre de «science» dans la mesure où : 1°) les contenus de la tradition doivent être *développés*, de sorte que le savoir traditionnel de la politique n'est pas moins *progressif* que le savoir scientifique ; 2°) il existe des *lois* du monde politique qui constituent la matière appropriée d'une science.

3) La pensée maistrienne fait place, en matière politique, à un certain relativisme. Comme Bonald, Maistre tient la royauté pour le régime politique «naturel». Mais à là différence de Bonald, qui considère que *toutes* les sociétés sont *destinées* à la monarchie par la logique de leur développement – cf. par exemple son *Essai analytique sur les lois naturelles de l'ordre social*, in

Œuvres complètes I, Slatkine 1982, pp. 159-163 –, Maistre quant à lui ne conclut pas de la naturalité de la royauté à sa nécessité universelle. Ainsi que l'expliquent l'*Etude sur la souveraineté* (*OC* I pp. 489-517) et *Du Pape* (édition critique J. Lovie et J. Chetail, Droz 1966, p. 181 ; *OC* II p. 253), d'autres régimes que la royauté s'imposent à certains peuples en fonction de leur population, de leur richesse, de leur situation géographique, etc. ; la royauté n'est donc ni le seul régime légitime ni une fin universelle. Mais qu'elle ne soit pas le meilleur régime *relativement* à certains peuples n'empêche pas qu'elle soit *dans l'absolu* le meilleur régime politique, c'est-à-dire celui sous lequel il est le plus souhaitable de vivre.

4) Bossuet aussi bien que Fénelon avaient soutenu que le roi devait vivre dans la crainte du jugement divin. Chez Maistre, l'angoisse qui ne peut manquer de saisir le prince ne tient plus à ses devoirs devant Dieu mais à la difficulté de comprendre les ressorts de l'ordre naturel du politique. Toute tentative de transformation risque d'entraîner une perturbation de cet ordre, « ce qui doit faire trembler tous les réformateurs » (*OC* I p. 280).

5) Cette critique du « bon sens » semble contredire d'autres textes où Maistre oppose les mérites du bon sens aux « rêveries » métaphysiques des révolutionnaires français (cf. *OC* I p. 339 et 412, *OC* VII p. 39). Le terme de bon

sens s'entend donc de deux façons. Il peut d'abord désigner le *sens commun*, formé par les sains préjugés de la morale et de la tradition communes; il est alors une réalité positive. Mais il peut aussi désigner, comme dans la première phrase du *Discours sur la méthode* de Descartes, la simple *raison*. Or, tandis que le sens commun est riche d'un savoir transmis par la tradition et éprouvé par l'expérience collective, la raison n'est rien d'autre qu'une faculté logique incapable de produire *à elle seule* un quelconque savoir substantiel. «La raison réduite à ses forces individuelles est parfaitement nulle.» (*OC* I p. 375.) Au «bon sens» presque infaillible du sens commun s'oppose donc le «bon sens» toujours en défaut de la raison abstraite. L'une des graves conséquences de la révolution française est selon Maistre la contamination du «bon sens primordial» par les sophismes du «mauvais» bon sens de la raison émancipée.

6) On sait la place occupée dans la pensée contre-révolutionnaire par la disjonction de la théorie et de la pratique; cf. A. Philonenko, *Théorie et praxis dans la pensée morale et politique de Kant et Fichte en 1793*, 2e éd. Vrin 1976. Affirmant la suprématie de l'expérience sur la raison, Maistre pourrait donner à croire qu'il appartient (comme Burke) au courant de l'empirisme. Ce n'est pourtant pas le cas, puisque Maistre critique avec une extrême violence l'empirisme de Bacon et de Locke, contre lesquels il

défend la théorie des idées innées (*Soirées...*, V et VI, *OC* IV pp. 268-274 et 344-358). Il convient donc de remarquer le statut particulier qu'a ici l'expérience : elle n'est pas, comme dans l'empirisme, la base et le moyen de la *connaissance*, mais au contraire le moyen de la découverte de notre *ignorance*. En déroutant la raison, l'expérience montre l'étrangeté du réel. Elle fait apparaître le monde comme un mystère qui doit rester mystère («j'ose dire que ce nous devons ignorer est plus important pour nous que ce que nous devons savoir», *Soirées...*, X, *OC* V p. 188). Elle est donc avant tout révélation de l'insondabilité du divin, préludant moins à la science qu'à l'étonnement métaphysique. Cf. sur ce point S. Rials, «lecture de Joseph de Maistre», in *Révolution et Contre-révolution au XIXe siècle*, DUC/Albatros 1987, pp. 22-40.

7) Ces arguments ont été exposés entre autres par Jean-Jacques Rousseau dans son *Contrat social*, III, 6. D'une part, la monarchie héréditaire fait courir le risque «d'avoir pour chef des enfants, des monstres, des imbéciles». D'autre part, «tout concourt à priver de justice et de raison un homme élevé pour commander aux autres.»

8) Cette affirmation, qui est chez Maistre un véritable leitmotiv (elle se retrouve dans presque tous ses livres : cf. *OC* I p. 155, 226 et 426, et *OC* II p. 339), donne la formule de son *historicisme*. Cet historicisme vise à *conjurer l'histoire réelle*,

qui est celle de l'émergence de la démocratie moderne. C'est contre le déroulement de cette histoire dont il voudrait arrêter le cours que Maistre invoque l'histoire. Ainsi que l'écrit très justement G. Gengembre dans son livre *La Contre-Révolution ou l'histoire désespérante* (Imago 1989, p. 242): «la Contre-Révolution est historiciste parce qu'elle refuse l'histoire».

9) La supériorité de la monarchie héréditaire est aux yeux de Maistre historiquement démontrée, à la fin du XVIIIe siècle, par la stabilité et la puissance qu'elle a conférées à des pays comme l'Angleterre, l'Espagne ou la France; inversement, la preuve empirique de l'infériorité de la monarchie élective est fournie à la même époque par les déboires de la Pologne, qui en raison de son état de faiblesse et d'anarchie finit par subir les trois partages de 1772, 1793 et 1795 (cf. l'*Etude sur la souveraineté*, II, 2, *OC* I pp. 426-430). Rien n'empêche toutefois de compléter ces arguments historiques en faveur de la monarchie héréditaire par les arguments rationnels qu'exposent Bodin (*République*, livre VI, chap. V), Bossuet (*Politique tirée des propres paroles de l'Ecriture sainte*, II, I, prop IX et X), Bonald (*Essai analytique...*, chap. VI) et à l'occasion Maistre lui-même.

10) Maistre expose ici les concepts *normatifs* ultimes de sa pensée politique: stabilité, bonheur, nature. On remarquera le caractère strictement

pragmatique de ces normes. Les *fins* du politique ne sont définies ni par la morale ni par la religion mais, de façon immanente, par les conditions de conservation du corps politique – ce pourquoi la première valeur est la stabilité de l'Etat. Cet «immanentisme» politique, par quoi Maistre se distingue d'un Bossuet, ira sans cesse en s'accentuant dans la suite de la pensée contre-révolutionnaire, comme on le voit au XXe siècle chez Charles Maurras ou Carl Schmitt.

11) Le critère du meilleur régime est selon l'*Etude sur la souveraineté* la quantité de bonheur moyen qu'il assure : «le meilleur gouvernement pour chaque nation est celui qui, dans l'espace de terrain occupé par cette nation, est capable de procurer la plus grande somme de bonheur et de force possible au plus grand nombre d'hommes possible pendant le plus longtemps possible» (*OC* I p. 494).

12) L'idée de la naturalité de la monarchie est commune à presque tous les défenseurs de la royauté ; elle s'illustre parfois par l'exemple de la ruche, l'existence de la reine des abeilles pouvant sembler un témoignage de la tendance spontanée de la nature à produire la royauté. De façon générale, la royauté est tenue pour conforme à la nature parce qu'elle est à l'image de la société naturelle qu'est la *famille* : le roi est père des peuples comme le père est roi de ses enfants. A quoi s'ajoute un argument «logique» : la monar-

chie est naturelle parce que l'unité du pouvoir souverain appelle un détenteur unique.

13) Platon considérait que le pire des régimes était la tyrannie (*Politique*, 302e). Maistre semble placer la monarchie élective, fût-elle tempérée, au-dessous du despotisme. C'est que les valeurs politiques ultimes sont le bonheur et la stabilité ; or la monarchie élective entraîne nécessairement l'instabilité, ce qui n'est pas le cas du despotisme. De fait, le despotisme convient à certains peuples, auxquels il assure énergie, puissance et bonheur (cf. l'éloge que fait Maistre du despotisme turc, *OC* I pp. 538-544).

14) L'expérience révèle l'irrationalité du réel. Mais cette irrationalité est elle-même *l'effet de la volonté divine*, dont elle manifeste la grandeur et la puissance. Ainsi les exemples qui suivent ont-ils pour fonction d'introduire à l'idée d'une *métaphysique de la politique*. Par là s'éclaire en quel sens la politique est science : en tant que métaphysique, elle doit à la fois montrer l'irrationalité du réel (par quoi elle n'est pas science mais constat d'ignorance) et montrer dans cette irrationalité le *signe* de la rationalité divine (par quoi elle est authentiquement science). – L'idée d'une manifestation du divin par l'irrationnel est un des axes de l'œuvre de Maistre : elle est à l'origine des célèbres développements des *Soirées de Saint-Pétersbourg* où la sacralité du bourreau et de la

guerre est «prouvée» par leur incompré-
hensibilité même.

15) Ces exemples témoignent, par le «libéralisme» économique qu'ils impliquent, de l'influence qu'ont exercée sur Maistre les théories
économiques des physiocrates (les registres de
lecture du jeune Maistre citent souvent avec
enthousiasme les écrits de Mirabeau père :
cf. J. Rebotton, introduction aux *Écrits maçon-
niques de Joseph de Maistre*, Slatkine 1983, p. 17,
et J. Denizet, «Joseph de Maistre économiste»,
Revue des Études maistriennes n° 11, Les Belles
Lettres 1990). Il est en revanche difficile d'esti-
mer l'influence qu'ont eue sur Maistre leurs
théories *politiques*. Maistre ne se réfère jamais à la
notion physiocratique de «despotisme légal»,
bien que cette notion eût pu lui fournir un exemple
de synthèse entre absolutisme et légalisme –
synthèse que la pensée maistrienne poursuit à sa
façon.

16) C'est la thèse de Montesquieu et de
Rousseau, que Maistre avait déjà critiquée dans
son *Étude sur la souveraineté* (*OC* I pp. 492-493).

17) Les physiocrates, en particulier Quesnay
dont une des maximes politiques était : «Qu'on soit
moins attentif à l'augmentation de la population
qu'à l'accroissement des revenus.»

18) Maistre fera de nouveau l'éloge de
Malthus dans *Du Pape*, III, 3 (Droz pp. 270-271;
OC II pp. 402-407), lui faisant mérite d'avoir

démontré la nécessité sociale du célibat des prêtres en prouvant qu'il fallait limiter le nombre des mariages. Le malthusianisme lui fournit ainsi une justification oblique de sa propre méfiance envers la liberté individuelle.

19) La critique du protectionnisme est un thème que Maistre hérite des physiocrates – bien que la liberté du commerce ait été déjà réclamée par Fénelon (*Télémaque*, X). La reprise de ce thème ne suffit toutefois pas pour voir en Maistre un «libéral» au sens strict. Non que la pensée contre-révolutionnaire soit nécessairement hostile au libéralisme : la critique de la révolution par Burke associe à des thèmes autoritaires des thèmes authentiquement libéraux (cf. M. Fuchs, «Burke et l'idéologie», in *Régénération et reconstruction sociale entre 1780 et 1848*, Vrin 1978, et Ph. Raynaud, *Préface* aux *Réflexions sur la révolution de France*, Hachette 1989). Mais, contrairement à Burke, Maistre refuse *absolument* de penser la société selon un quelconque modèle contractualiste. Son libéralisme, limité à l'économie, est donc limité sur le plan économique même : comme Bonald, Maistre refuse le capitalisme. – Il n'en est pas moins vrai qu'existent certains points de convergence entre la pensée de Maistre et de Bonald et certaines tendances inégalitaires et antivolontaristes du libéralisme *contemporain* ; cf. sur ce point S. Rials, *op. cit.*, chap. IV («la droite ou l'horreur de la volonté»), et G. Gengembre, *op. cit.*, chap. VI.

20) On a pu voir dans l'admiration de Maistre pour l'Angleterre un signe de son «libéralisme politique et social» (F. Holdsworth, *Joseph de Maistre et l'Angleterre*, Champion 1935, p. 287). Maistre ne tient cependant pas l'Angleterre pour un *modèle* politique, mais pour une *exception*, unique et fragile, aux lois du monde politique. Lorsqu'il traite du régime politique anglais, Maistre s'attache surtout à montrer 1°) que la souveraineté n'est pas moins illimitée en Angleterre qu'ailleurs : les trois pouvoirs qui en Angleterre constituent la souveraineté, s'ils sont d'accord, peuvent tout (*OC* I pp. 418-419, II p. 178-179) ; 2°) que la constitution anglaise se définit moins par la séparation des pouvoirs que par la souveraineté réelle du roi (*OC* I p. 421) ; 3°) que, dans la mesure où elle constitue un régime mixte, la constitution anglaise n'est pas destinée à durer (*OC* I p. 213, II p. 172).

21) «Etc.» : ce n'est pas le contenu et la *valeur théorique* propres des lois économiques qui intéressent Maistre, mais au contraire, puisque celles-ci invalident les contenus de la raison abstraite, leur valeur *« antithéorique »*.

22) L'économie est donc secondaire (Maistre se sépare ici nettement de Quesnay). Société et Etat sont la condition non-libre de toute liberté, économique ou autre.

23) La «constitution» d'un pays désigne d'abord l'ensemble des faits et des lois naturelles

et historiques qui en font le caractère, qui donc le *constituent* dans sa spécificité nationale et sociale. Selon Maistre, la constitution au sens strictement politique du terme ne devrait être que l'expression de cette constitution naturelle ou historique : le meilleur régime est celui dont la constitution politique *est* la constitution naturelle. De là suit la thèse centrale de l'*Essai* : non seulement une constitution n'a pas besoin d'être écrite pour être effective, mais encore les meilleures constitutions sont celles qui ne sont pas écrites. De sorte qu'il est faux de dire, comme l'ont fait les révolutionnaires français, que la France d'Ancien Régime n'avait pas de constitution : les lois fondamentales du royaume, quoique non-écrites, en étaient véritablement la constitution politique.

24) L'empire ne désigne pas ici une formation politique spécifique (distincte de l'Etat-nation) mais toute société soumise à l'autorité d'un pouvoir souverain. La notion de souveraineté est en effet en partie l'héritière de la notion romaine d'*imperium*, pouvoir quasi-souverain à la fois civil et militaire, juridictionnel et coercitif.

25) Ces « philosophes allemands » sont G. Hufeland, représentant de l'école juridique kantienne, qui a introduit le mot « métapolitique » dans la langue allemande (*Versuch über den Grundsatz des Naturrechts*, 1785), et A. L. Schlözer (*Allgemeine Staatsrecht und Staatsverfassungslehre*, 1793). Le terme de méta-

politique, au sens de «métaphysique de la politique», est d'abord apparu en anglais, chez un auteur d'ailleurs très pratiqué par Maistre, J. D. Delolme (*The constitution of England*, 1784).

26) Sur le mot «métapolitique» et sa fortune, cf. l'article «Metapolitik» par M. Forschner et A. Hügli, in *Historisches Wörterbuch der Philosophie*, J. Ritter et K Gründer éd., Bd 5, 1980, pp. 1295-1298. G. Hufeland définit la métapolitique comme la théorie des fondements naturels de l'Etat, fondements qui précèdent l'Etat et ne le présupposent pas. Elle est donc la théorie du droit naturel en tant qu'il fonde le droit étatique. Cette théorie s'appuie sur la description de la situation de l'homme à l'état de nature, d'où se déduisent ses besoins, ses droits et ses devoirs politiques. La description de l'état de nature bute toutefois chez Hufeland sur de graves difficultés, ainsi que l'a montré A. Philonenko (*Théorie et praxis...*, pp. 126-128); aussi la «métapolitique» sera-t-elle finalement éclipsée par l'idée de «métaphysique du droit» élaborée par Kant.

27) Maistre n'entend pas la métapolitique au sens où l'entendaient Hufeland et Schlözer. La métapolitique est certes, chez lui comme chez eux, une théorie philosophique des principes du droit politique. Mais Maistre récuse absolument l'idée d'état de nature qui forme la base de cette théorie chez les philosophes allemands. L'idée d'état de

nature est selon Maistre dépourvue non seulement de toute valeur historique (l'état de nature n'a jamais eu lieu) mais encore de toute valeur heuristique ; « l'état de nature » n'est pas même une fiction nécessaire. L'homme naît social et n'est homme que par la société, qui elle-même n'est possible que par l'existence d'un pouvoir souverain qui en garantit l'unité (*Etude sur la souveraineté*, I, 2 et 3, *OC* I pp. 315-324). Un état de nature prépolitique est donc impensable : l'homme étant par nature destiné à vivre dans une société politiquement organisée, « l'état de nature est contre nature » (*OC* VII p. 526). La métapolitique ne peut pas non plus s'entendre au sens des premiers principes de la métaphysique du droit de Kant : la doctrine kantienne a beau définir le droit naturel dans l'horizon du droit positif (cf. A. Philonenko, *Introduction* à la *Doctrine du droit* de Kant, Vrin 1979, pp. 31-60), ses fondements sont radicalement opposés à ceux de la métapolitique maistrienne. La métaphysique kantienne du droit est une théorie du droit pur en tant que son contenu est défini *a priori* par la raison ; la métapolitique maistrienne est une métaphysique du droit en tant que celui-ci est déclaré par Dieu à travers l'histoire. La métapolitique maistrienne est métaphysique en un sens que Kant aurait jugé « dogmatique », puisqu'elle est théorie des fondements *providentiels* de l'ordre politique, ce qui implique la fondation du *droit* sur le *fait* historique.

28) Joseph de Maistre lui-même, dans *les Considérations sur la France*, dont l'exposé qui suit résume le chapitre VI («de l'influence divine dans les constitutions politiques»). On trouvera dans le livre de Bertrand Binoche *Critiques des droits de l'homme*, Puf 1989, pp. 38-45, un commentaire de ce chapitre.

29) C'est *nécessairement* que les fondements de «l'édifice social» sont cachés. L'ordre social *se fonde sur la dissimulation de ses propres fondements*. Maistre reproche aux révolutionnaires français d'avoir brisé le gouvernement à la façon d'un enfant qui brise son jouet «pour voir dedans»: «ils ont mis à découvert les principes politiques (...) sans réfléchir qu'il y a des choses qu'on détruit en les montrant» (*OC* VII, p. 38).

30) Le terme d'axiome désigne ici l'évidence principielle. On peut aussi lui donner une signification «autoritaire»: les axiomes sont des propositions qui doivent être reçues sans qu'il soit *permis* de les discuter.

31) C'est-à-dire au rationalisme des Lumières, qui fait procéder la société et l'Etat d'un contrat entre des volontés individuelles libres.

32) Récusation de l'idée de contrat social: la constitution d'une société ne peut être *issue* de la volonté des individus qui la composent, puisqu'elle *précède* ces individus qui viennent à l'existence en elle. A quoi s'ajoute que les lois

fondamentales qui sont la constitution d'un Etat n'ont d'*autorité* qu'à la condition de ne pas procéder d'une délibération ou d'un contrat. Maistre écrira plus loin, dans le corps de son *Essai* : « l'accord du peuple est impossible ; et quand il en serait autrement, un accord n'est point une loi, et n'oblige personne, à moins qu'il n'y ait une autorité supérieure qui le garantisse » (*OC* I p. 236).

33) D'une part, les droits du peuple sont trop indéterminés pour être écrits, c'est-à-dire *codifiés*. D'autre part, ces droits ne peuvent être que des droits *déjà* présents et implicitement reconnus dans la constitution existante. Maistre récuse par là le principe même de la « déclaration des droits de l'homme et du citoyen » : que la volonté populaire, *en opposition* à la constitution existante, puisse déclarer elle-même ses droits en ne s'autorisant que d'elle-même. Le corps social ne peut pas s'autocréer ; la volonté collective ne peut donc pas être la source du droit (cf. *OC* I pp. 317-321).

34) La critique de l'idée révolutionnaire selon laquelle les hommes ont un droit égal à la liberté s'enracine chez Maistre dans la mise en évidence des limites métaphysiques de la liberté humaine. Le premier point, souligné ici, est que la volonté humaine n'est pas *toute-puissante* ; c'est selon une nécessité indépendante de celle-ci que l'histoire accomplit son cours. Seule la volonté

divine fait réellement l'histoire ; les acteurs historiques ne sont que des « outils de Dieu » (*OC* I p. 244) dont les volontés individuelles sont à tel point contraintes par les circonstances qu'elles ne sont elles-mêmes que des « circonstances ». L'idée d'un droit de l'homme à la liberté repose sur une illusion : celle que l'homme pourrait être réellement libre, alors que l'histoire limite sa liberté de toutes parts.

35) Conster : terme juridique signifiant « être établi par une preuve » (R.Triomphe, *op. cit.*, p. 7).

36) L'asymétrie fondamentale des droits du peuple et de ceux de la noblesse, les uns étant *concédés* et les autres *naturels*, a une double signification : 1°) dans une monarchie, « droit » signifie toujours *privilège* : la royauté implique un concept du droit inégalitaire ; 2°) la royauté ne peut être sans la noblesse, dont les droits sont aussi naturels que ceux du souverain : Maistre retrouve ici la thèse de Montesquieu selon laquelle la monarchie se définit par la présence d'une noblesse qui limite les pouvoirs du roi – avec toutefois cette différence que le « libéralisme aristocratique » de Montesquieu peut sembler plus libéral qu'aristocratique (cf. R. Aron, *Les étapes de la pensée sociologique*, Tel/Gallimard pp. 62-63), tandis que le libéralisme aristocratique de Maistre, dirigé contre le libéralisme moderne, est aristocratique avant d'être libéral.

37) Maistre s'accorde ici avec Bonald pour considérer que la volonté souveraine ne peut faire autrement que déclarer les lois inscrites dans la nature même des choses (cf. Bonald, *Essai analytique*..., IV).

38) La faiblesse de l'écriture est un thème auquel Maistre accorde une extrême importance ; il lui sert à critiquer la déclaration des droits de l'homme aussi bien que le protestantisme, coupable d'accorder à l'*Ecriture* sainte davantage d'autorité qu'à la *Parole* de l'Eglise. Cf. l'*Essai sur le principe générateur*..., XIX-XXII (*OC* I pp. 254-259), où Maistre appuie son argumentation sur le *Phèdre* de Platon.

39) L'écriture est d'abord en elle-même *source* d'impuissance : comme il n'est pas possible de prévoir par écrit la multiplicité des cas auxquels la loi aura à s'adapter selon des modalités diverses, la fixité que l'écriture confère à la loi entraîne son incapacité à s'appliquer à la diversité des circonstances. L'écriture est ensuite un *signe* d'impuissance : un Etat n'a besoin de fixer ses lois que lorsque celles-ci ne sont plus comprises ni respectées, autrement dit lorsque l'esprit public est en déclin.

40) Dans son *Etude sur la souveraineté* (*OC* I p. 330), Maistre à l'appui de cette thèse citait Rousseau (qui lui-même citait Montesquieu) : « la liberté, n'étant pas un fruit de tous les climats, n'est pas faite pour tous les peuples » (*Contrat*

social, III, 8). Mais le pragmatisme maistrien diffère profondément de la philosophie rousseauiste en ce qu'il ne confère à la liberté qu'une valeur seconde, ne la tenant pas pour un *but* politique, mais pour une simple *donnée* irréductiblement présente au sein des seules sociétés *européennes* (*OC* I p. 442, II p. 170).

41) Second moment (cf. note 33) de la critique maistrienne de l'idée révolutionnaire d'un droit de la liberté. On ne peut invoquer la liberté naturelle de l'homme pour revendiquer des droits nouveaux, puisque la liberté ne désigne rien d'autre que les droits historiques déjà acquis. Contrairement au rationalisme des Lumières, Maistre ne tient pas la liberté pour une *donnée originaire* de la nature humaine également présente en chacun; la volonté humaine, bien qu'elle soit réellement libre dans les limites de ce que la volonté divine permet (*OC* I p. 1 et 480), *n'est pas à elle-même sa propre origine*: personne ne *choisit d'être ce qu'il est* (*OC* I p. 321). La liberté est donc susceptible de degrés et varie selon le niveau de civilisation. A quoi s'ajoute que le mot de liberté n'est en toute rigueur qu'un terme négatif signifiant «*absence d'obstacle*, de manière que la liberté n'est et ne peut être que la *volonté non empêchée*» (*OC* IV p. 333). Ne désignant aucune faculté ou propriété positive, la liberté ne peut être source du droit.

42) Echo du chapitre du «législateur» du *Contrat social* (II, 7) de Rousseau, chapitre violemment critiqué par Maistre dans son *Etude sur la souveraineté* (*OC* I pp. 333-355). Maistre souligne contre Rousseau que les législateurs furent toujours des rois. Sur les difficultés de la théorie du législateur chez Rousseau lui-même, cf. A. Philonenko, *Jean-Jacques Rousseau et la pensée du malheur*, Vrin 1984, t. III, chap. 3. – Notons qu'en reléguant les législateurs dans le monde antique, Maistre se sépare de Machiavel sur lequel il s'appuie en note.

43) En déclarant que les législateurs ont toujours agi au nom de la divinité, Maistre ne dit rien d'autre que Rousseau. Et cependant son affirmation est dirigée contre Rousseau, selon une « stratégie de rétorsion » visant à opposer Rousseau à lui-même. La théorie du législateur implique en effet, selon Maistre, la réfutation de l'idée démocratique par l'idée théocratique. Reconnaître *avec Rousseau* la nécessité d'un fondement religieux à l'action du législateur, c'est reconnaître *contre Rousseau* que la souveraineté du peuple ne suffit pas à fonder l'autorité des lois et que celles-ci ne peuvent tenir leur pouvoir que *de la souveraineté de Dieu*.

44) Maistre a exposé souvent le contenu concret de cette liberté qui caractérise les monarchies européennes des temps modernes (cf. *Considérations sur la France*, VIII, *OC* I

pp. 89-103). L'*Etude sur la souveraineté* (reprise par *Du Pape*, II, 2) oppose les monarchies antiques et asiatiques, où le souverain a le droit de vie et de mort sur ses sujets mais peut être assassiné, à la monarchie européenne, où le souverain est inviolable mais n'a pas le droit de condamner à mort ni de juger au civil, et où ses sujets ont le droit de lui adresser «leurs *très-humbles* remontrances» par le moyen de certains corps ou conseils – et, dit Maistre, «quoi qu'en dise l'orgueil exalté et aveugle du dix-huitième siècle, c'est tout ce qu'il nous faut» (*OC* I pp. 442-446).

45) A rapprocher de la formule admirée par Maistre : «la justice est la bienfaisance des Rois» (*OC* VII p. 202).

46) Même affirmation, appuyée sur des exemples historiques, dans l'*Etude sur la souveraineté* (*OC* I p. 346).

47) Dans le concept de «constitution naturelle» s'identifient ici deux concepts que les penseurs de la royauté avaient jusque-là distingués : celui de la «loi naturelle ou divine» et celui de la «loi fondamentale». La pensée maistrienne associe ainsi un organicisme immanentiste à une perspective transcendante.

48) Maistre définit la nation par l'unité de croyance et de moeurs (*OC* I pp. 368-378). De là l'absurdité du concept révolutionnaire de la nation comme association d'hommes égaux en droits. L'unité nationale est le produit de l'histoire, non

d'un contrat; elle procède d'une «âme nationale», qui ne s'exprime adéquatement que dans les couches les plus cultivées et les plus nobles de la nation; ce pourquoi la nation n'est finalement rien d'autre que «le Souverain et l'aristocratie» (*OC* XIV p. 8) – et non le peuple, comme le voudrait la définition révolutionnaire de la nation.

49) «La constitution française a été faite par des fous», écrivait Maistre en 1794 (*OC* I p. 220).

50) La première édition des *Considérations sur la France* date en fait de 1797. Cf. l'introduction de J. L. Darcel à son édition critique des *Considérations sur la France*, Slatkine 1980.

51) Toute la théorie maistrienne de la souveraineté repose sur cette proposition, qui implique l'impossibilité du contrat social et le fondement providentiel de la souveraineté. On remarquera que Maistre tend à identifier «souverain» et «roi», bien qu'il reconnaisse que le souverain peut être un corps et qu'il fasse une différence entre «souverain», «souveraineté» et «royauté» (cf. *OC* II p. 179 et 184). C'est que le modèle de la souveraineté est donné par la royauté: le roi est le souverain naturel.

52) A rapprocher de ce qu'écrivait Maistre en septembre 1794 dans son *Discours à la marquise de Costa*: «Longtemps nous n'avons point compris la révolution dont nous sommes les témoins; longtemps nous l'avons prise pour un

événement. Nous étions dans l'erreur : c'est une *époque* ; et malheur aux générations qui assistent aux époques du monde ! » (*OC* VII p. 273.)

53) La thèse de l'origine divine de la souveraineté peut s'entendre selon différentes variantes. Dans son étude « Joseph de Maistre et la loi naturelle » (*Revue des Etudes maistriennes* n° 8, Les Belles Lettres, Paris 1983) R. Lebrun distingue avec H. Rommen (*The State in Catholic Thought*, Saint-Louis 1945) entre trois théories de l'origine divine de la souveraineté. La première théorie, ou théorie mystique du droit divin des rois, considère que l'autorité est conférée au roi en personne par un acte spécial de Dieu. Selon la seconde théorie, ou « théorie de la désignation », le corps social désigne comme souverain celui que ses dons naturels et les circonstances, c'est-à-dire la providence, déclarent digne de l'être. La troisième théorie, ou « théorie de la translation », fait reposer l'autorité royale sur une sorte de contrat social par lequel le corps social se dessaisit de son autorité au profit du souverain. En déclarant que Dieu fait les rois « au pied de la lettre », Maistre semble bien se rallier, ainsi que l'analyse R. Lebrun, à la théorie mystique du droit divin des rois.

54) Il n'est de légitimité que par référence à une généalogie et des titres historiques, donc par référence à une origine. L'origine des familles royales est pourtant, selon Maistre, nécessaire-

ment cachée; l'*origine légitime* du pouvoir légitime ne se manifeste jamais à son *origine temporelle*. C'est que cette origine légitime, que l'origine temporelle est impuissante à manifester dans son originarité, n'est autre que Dieu, qui ne peut se manifester autrement que par la *durée* et la *permanence* dans le temps. Ainsi que l'a souligné Y. Madouas (*op. cit.*, IIe partie, chap. III, 10), ce point atténue la dimension traditionaliste de la pensée maistrienne.

55) Burke déjà avait souligné que la *prescription* était une importante source du droit.

56) «Trop hardie», car elle suggère que la légitimité a pour base le défaut de légitimité. Maistre est ici tout près de compromettre son argumentation «légitimiste» par l'ajout d'un argument «décisionniste» justifiant la royauté moins par sa légitimité que par la *nécessité de l'arbitraire*. Dans *Du Pape*, Maistre n'hésitera pas à user d'une argumentation véritablement décisionniste (cf. *OC* II p. 155 et 175).

57) Napoléon Ier. Le brillant de ses «apparences» faillit «éblouir» Maistre lui-même, qui en 1807 n'excluait pas que «Bonaparte établisse une dynastie» (*OC* X p. 548).

58) Le tsar Alexandre Ier, dont Maistre fut le conseiller.

59) L'*Eclaircissement sur les sacrifices*. Le texte cité se trouve in *OC* V p. 348.

60) Cette proposition se rattache à un thème qui tient chez Maistre une grande place, celui de la « réversibilité des mérites », selon laquelle les innocents doivent souffrir pour la rédemption des coupables.

61) L'idée que l'ordre moral a ses lois est commune à Maistre et à Bonald. Mais, tandis que Bonald tient les lois du monde moral pour des lois *positives* et proprement *sociologiques*, Maistre, influencé par l'illuminisme et la pensée de Saint-Martin, veut que ces lois aient une signification métaphysique : toute loi sensible n'est que « l'expression visible » d'une « loi spirituelle » (*OC* V p. 180). Les *Considérations sur la France* avaient ainsi évoqué la possibilité que des « tables de massacres », établies sur le modèle des tables météorologiques, dévoilent la loi de la destruction régulière de l'espèce humaine par la guerre (*OC* I p. 34).

62) Le « véritable philosophe » est selon Maistre le philosophe chrétien, persuadé que « toute proposition de métaphysique, qui ne sort pas comme d'elle-même d'un dogme chrétien, n'est et ne peut être qu'une coupable extravagance » (*OC* V p. 189). La fausse philosophie (ou « *philosophisme* ») est celle des Lumières, coupables selon Maistre d'avoir sapé les fondements de l'autorité et de la foi.

63) La pensée des Lumières – inaugurée par Locke « qui a ouvert ce siècle d'une manière si

funeste » (*OC* I p. 236) – fut selon Maistre futile en ce qu'elle se détourna de la métaphysique, c'est-à-dire de l'essentiel de la philosophie, et criminelle en ce qu'elle visa par là à détourner l'homme de Dieu. Son caractère fut « la théophobie » (*OC* IV p. 282).

64) Ce rappel à soi est rappel à la transcendance divine – en laquelle « toute science » a « sa source ».

65) Nous supprimons les dernières phrases de la préface.

66) Machiavel, dit Maistre, « a toujours raison quand il ne conseille pas d'assassiner » (*OC* I p. 217). Le royalisme théocratique de Maistre semble n'avoir pourtant que peu de rapports avec le républicanisme laïque de Machiavel. Mais, s'il est vrai que Maistre assigne au politique une fondation théologique, il n'en définit pas moins les fins de l'Etat indépendamment de toute perspective de salut transcendant. Le fondement transcendant de l'Etat n'ouvre lui-même sur aucune perspective transcendante : l'Etat est pensé à partir de sa fin immanente, qui est sa propre conservation. De ce fait, la religion elle-même est pensée selon une perspective immanente, comme la condition de la stabilité du corps politique ; de sorte que Maistre n'analyse pas les rapports de l'Etat et de la religion autrement que la plupart des penseurs des Lumières qui, de Voltaire à Dupont de Nemours, ont souligné la nécessité politique de

la religion. La défense maistrienne de la théocratie repose ainsi sur une argumentation *laïque*, sur une représentation « dé-théologisée » du théologique (P. Macherey, « Le positivisme entre révolution et contre-révolution : Comte et Maistre », *Revue de synthèse*, 1/1991, p. 44). Par là, Maistre est bel et bien l'héritier de la laïcisation radicale du politique effectuée par Machiavel.

67) « Un peuple habitué à vivre sous un prince, si par quelque accident il devient libre, maintient la liberté avec difficulté. »

68) Rappelons ce qui est selon Maistre la « loi fondamentale » des monarchies modernes : « les rois abdiquent le pouvoir de juger par eux-mêmes, et les peuples en retour déclarent les rois *infaillibles et inviolables* » (*Du Pape*, III, 4, Droz p. 277, *OC* II p. 412). La libre renonciation du souverain au pouvoir de juger suffit à assurer la liberté des sujets.

69) Ce « faire-vouloir » est la limite de la volonté humaine face à la nature des choses ; il dépend donc en dernière instance de Dieu lui-même.

70) Le cours même de la révolution française suffit selon Maistre à réfuter l'idée révolutionnaire de la nation : ce n'est pas « la nation » mais un petit nombre d'hommes qui a gouverné la révolution ; et celle-ci n'a pas eu pour effet la souveraineté du peuple mais la mise en place d'une oligarchie.

71) L'indécence de la révolution est un thème commun à tous les penseurs contre-révolutionnaires. Maistre s'effraie de l'impudeur républicaine (*OC* I p. 51-52). Burke s'inquiète de ce que la révolution, en abolissant la hiérarchie sociale – de sorte qu'«un roi n'est plus qu'un homme comme un autre et une reine qu'une simple femme» (*Réflexions...*, p. 97) –, met «à découvert notre nudité» (*id.*, p. 115).

72) E. Barincou (in Machiavel, *Œuvres complètes*, Bibliothèque de la Pléiade 1952, p. 405) traduit ainsi cette phrase (conclusion d'un développement qui affirme que fondation et réforme radicale d'un Etat ne peuvent être accomplies que par un seul homme): «Il est nécessaire que celui qui a conçu le plan fournisse lui seul les moyens d'exécution».

Commentaire :

La préface de l'*Essai sur le principe géné-rateur des constitutions politiques* fut rédigée pour la première édition de l'ouvrage, qui parut à Saint-Pétersbourg en mai 1814[1]. Les circons-tances d'alors – la chute de Napoléon et la restauration des Bourbons sur le trône de France – ne pouvaient manquer d'apparaître aux yeux de Maistre comme la confirmation de la prophétie qu'il avait faite en 1797 dans ses *Considérations sur la France* : la révolution française, entreprise en vue de la destruction du catholicisme et de la royauté, ne pouvait avoir d'autre résultat final que « l'exaltation du christianisme et de la monar-chie ». En 1814, au moment où l'on pouvait croire la révolution française véritablement finie, l'*Essai...* venait rappeler les principes politiques

1. Sur les circonstances de composition et de publi-cation de l'*Essai* on consultera, outre l'édition critique qu'il en a donné, la thèse de R. Triomphe (*Joseph de Maistre. Etude sur la vie et sur la doctrine d'un matérialiste mys-tique*, Droz 1968).

qui avaient inspiré les *Considérations* et dont la justesse semblait attestée par l'événement.

A la différence cependant des *Considérations sur la France*, l'*Essai...* n'est pas un commentaire des événements qui lui sont contemporains. Il fut certes interprété comme tel lorsque Bonald le publia en France : chacun vit dans la critique des constitutions écrites qui était au cœur de l'ouvrage une critique de la Charte que venait d'octroyer Louis XVIII. Maistre, qui venait de tomber en disgrâce auprès du tsar Alexandre Ier dont il avait été un moment le conseiller, dut ainsi à la publication de son texte de perdre en outre la faveur du roi de France. L'*Essai...* n'avait toutefois pas été écrit en vue de critiquer la Charte. Il était assurément facile d'en tirer une telle critique ; mais elle n'avait pu entrer dans les buts de l'ouvrage, qui était rédigé depuis 1809. Si l'*Essai* avait eu une visée d'actualité, celle-ci n'aurait pu concerner que la Russie de 1809. De fait, cette année-là, Maistre avait combattu le ministre du tsar, Spéranski, et ses volontés d'abolition du servage, de création d'assemblées représentatives et de mise en place d'une éducation publique.

Il se peut que Maistre ait écrit l'*Essai...* afin d'appuyer sur des raisons de principe sa lutte contre les projets réformateurs de Spéranski[1]. On ne doit toutefois pas surestimer l'influence de ce contexte. Ce qui fait l'intérêt de l'*Essai* est précisément qu'il expose sous forme *générale* et *autonome* les principes d'une pensée politique que les *Considérations sur la France* exposaient sous la forme d'une interprétation polémique de l'événement de la révolution française. L'*Essai* dégage donc la pensée maistrienne de sa relation à l'actualité immédiate. Cela ne signifie pas que toute « visée d'actualité » en soit absente. Dans la mesure où la pensée maistrienne a pour ressort le refus du « projet moderne », elle est constamment en relation avec « l'actualité » en ce sens qu'elle n'interrompt jamais sa polémique contre le cours des temps modernes. Si la pensée maistrienne mérite en effet le titre de « réactionnaire »[2], c'est d'abord parce qu'elle est essentiellement réactive, s'organisant autour d'un refus premier de la révolution. Il en est à cet égard de l'*Essai* comme de toute l'œuvre maistrienne : négation systématique de la pensée des Lumières, sa cohérence est

1. Cf. R. Triomphe, *op. cit.*, p. 247 sqq.
2. Ainsi que le juge Cioran, qui à son étude sur Joseph de Maistre (in *Exercices d'admiration*, Gallimard 1986) a donné pour sous-titre « Essai sur la pensée réactionnaire ».

d'abord *polémique*. Mais cette cohérence polémique n'exclut pas la cohérence *logique* : le souci de renverser la pensée politique des Lumières n'empêche pas l'*Essai* de proposer une théorie politique *positive*, suffisamment générale pour se prêter à une exposition sous forme d'axiomes. Aussi est-ce à juste titre que J. L. Darcel a pu voir dans l'*Essai* un «condensé»[1] de la pensée politique maistrienne – la préface de l'*Essai* étant le condensé de ce condensé.

A) – Maistre, dans sa préface, présente l'*Essai* comme un ouvrage de «métapolitique», c'est-à-dire de «métaphysique de la politique». Il indique ainsi à la fois le *registre* et le *contenu essentiel* de sa pensée politique. Le terme de métapolitique signale d'abord le statut *réflexif* et *philosophique* qui doit être celui de la théorie politique ; celle-ci doit dépasser le domaine de l'action et de l'engagement politiques proprement dits vers une théorie des *fondements ultimes* du droit et de l'action politiques. Mais ce n'est pas seulement parce qu'elle est *théorie des principes* de la science politique que la métapolitique mérite

1. J. L. Darcel, « Joseph de Maistre et la réforme de l'Etat en 1788 », *Revue des Etudes maistriennes* n° 11, Les Belles Lettres 1990, p. 57.

son nom. Les fondements du politique sont eux-mêmes d'ordre *transcendant*: c'est à une philosophie providentialiste[1] que Maistre demande la fondation de la politique. La métapolitique doit être dite telle en raison du fondement *providentiel* qu'elle assigne au politique; elle est une métaphysique de la politique parce qu'elle fonde la réalité politique dans la réalité métaphysique de la volonté divine – développant ainsi la célèbre parole de Saint Paul: « il n'y a point d'autorité qui ne vienne de Dieu » (*Epître aux Romains*, 13, 1).

En définissant l'*Essai* comme un traité de « métapolitique », la préface en énonce donc déjà la thèse essentielle: le pouvoir vient de Dieu, de sorte qu'il n'est d'autre source de légitimité politique que la providence. La pleine justification de cette thèse suppose assurément une théorie métaphysique de la nature de Dieu et de la providence. L'*Essai* cependant ne contient pas une telle théorie: son propos n'est pas de justifier métaphysiquement la providence, mais de montrer la dépendance nécessaire de l'autorité politique à l'égard de la puissance divine. La métapolitique a pour objet le fondement métaphy-

---

1. Déjà chez Hufeland, qui a introduit le terme en langue allemande, la métapolitique s'achevait dans une philosophie providentielle de l'histoire.

sique du politique et non la métaphysique de ce fondement. La théodicée proprement dite et la métaphysique qui la sous-tend devront être cherchées ailleurs : dans les *Soirées de Saint-Pétersbourg* – qui, développant ce que les *Considérations sur la France* n'avaient fait qu'esquisser, ont pour objet propre la justification métaphysique du « gouvernement temporel de la providence »[1].

L'*Essai* quant à lui se contente d'appliquer le providentialisme au politique, en vue de définir, à partir de la démonstration de l'origine divine des constitutions, les conditions de la légitimité politique. Le providentialisme ainsi mis en œuvre n'est pas pour autant arbitraire ou dépourvu de fondement à l'intérieur même du champ auquel il

---

1. Ballanche dans sa *Palingénésie sociale* (*Œuvres complètes*, Slatkine 1967, p. 357) a jugé « impie » le projet maistrien d'une justification de la Providence sous le rapport temporel, parce qu'une telle justification réduit la transcendance divine à l'immanence de l'histoire. La même difficulté vaut pour la notion de métapolitique. L'idée d'une métaphysique de la politique, si elle implique que la politique ait un fondement transcendant, n'en réduit pas moins ce fondement à sa fonction immanente, qui est d'être le fondement *du* politique. La métapolitique a dès lors moins pour signification de renvoyer la politique à une sphère métaphysique qui la dépasse que d'enfermer la métaphysique dans les limites de la sphère politique.

s'applique. C'est en effet l'analyse immanente de la nature de la légitimité politique qui oblige à définir celle-ci en fonction de sa fondation métaphysique. Loin de se déduire d'une métaphysique qui serait en elle-même sans signification politique, la métapolitique s'extrait donc de la politique même. La «métaphysique de la politique» ne «plaque» pas le providentialisme sur la théorie de la légitimité politique, mais prétend montrer l'implication réciproque du providentialisme et de l'idée de légitimité.

Cette implication réciproque tient d'abord à l'impossibilité que la volonté humaine soit source de droit. Le point essentiel, qu'énoncent les «axiomes» de la préface et que le corps de l'*Essai* expose longuement, est la «nullité» de la volonté humaine [1]. Cette «nullité», qui est à la fois factuelle (aucune constitution ne résulte d'une délibération humaine) et juridique (la volonté humaine n'oblige pas), a pour envers nécessaire la toute-puissance de la volonté divine. Si la volonté humaine ne peut être ni à l'origine du droit ni à l'origine de la puissance du droit, alors seule la volonté divine peut l'être. L'impuissance de la seule volonté humaine à fonder l'autorité politique

---

1. «Dès que l'homme a reconnu sa nullité, il a fait un grand pas.» (*Essai...*, XLVI, *OC* I p. 286.)

place la pensée politique devant l'alternative simple du providentialisme et du nihilisme : *ou bien* il est une autre source de légitimité que la volonté humaine et cette autre source ne peut être à son tour que la volonté supérieure d'une intelligence supérieure ; *ou bien* l'idée même d'une autorité légitime doit être tenue pour dépourvue de sens. Il faut donc reconnaître que le droit politique n'est possible que par un fondement transcendant : l'idée de légitimité, en vertu de l'insuffisance de la volonté humaine, implique le providentialisme comme sa seule explication possible.

Ce providentialisme lie la légitimité au temps. En effet, bien qu'il soit l'origine réelle de la puissance politique, Dieu ne peut se manifester en personne pour désigner l'autorité légitime ; ne pouvant déchirer indéfiniment le tissu de l'histoire pour faire apparaître sa volonté, il doit faire du tissu historique lui-même le medium de son apparition. Seul le développement de l'histoire peut dévoiler les plans divins ; seuls le temps et la durée sont donc principes de légitimité, puisque seuls ils sont aptes à déclarer la volonté divine[1].

---

1. Cette identification de la durée à la volonté divine est le principe non pragmatique du conservatisme d'allure pragmatique auquel Maistre semble parfois se rallier – par

Aussi Maistre insiste-t-il sur le fait que «rien de grand n'a de grands commencements» (*Essai...*, XXIII, *OC* I p. 259): puisque seule la durée prouve la légitimité, les débuts de l'autorité légitime sont nécessairement «ambigus». La légitimité du pouvoir politique n'apparaît pas dans les débuts de son institution. C'est là le paradoxe de la légitimité: celle-ci tient à un titre, elle se prouve par une généalogie qui renvoie à une origine historique; mais, en même temps, cette origine ne vaut comme origine légitime que par la confirmation que le temps en a faite. Ce cercle, que Maistre exprime en soutenant que toute autorité se fonde sur une «usurpation légitime», est nécessaire. Il tient à ce que l'origine temporelle de l'autorité procède elle-même d'une origine plus ancienne – l'origine divine – que seule la durée du temps (et non un de ses points) peut manifester.

B) – Le providentialisme permet une définition circulaire, mais non vicieuse, de la légitimité. Cette définition n'en reste pas moins étonnante dans la mesure où elle semble mettre en danger

exemple lorsqu'il déclare que «tout gouvernement est bon lorsqu'il est établi et qu'il subsiste depuis longtemps sans contestation» (*Du Pape*, II, 9, édition critique J. Lovie et J. Chetail, Droz 1966, p. 181; et *OC* II p. 253).

cela même qu'elle vise à soutenir : le *légitimisme*, compris au sens strict du terme comme fidélité à l'institution dynastique de la royauté. Selon le providentialisme, est légitime la souveraineté établie par la durée. Or, ainsi que Maistre le reconnaît, les formes de la souveraineté sont multiples[1]. N'importe quel régime, y compris démocratique, peut donc, pourvu qu'il dure, être légitime. Mais une telle affirmation semble contredire l'impulsion contre-révolutionnaire qui est au départ de la pensée maistrienne. Si les constitutions sont faites par Dieu à travers la confusion des circonstances, si les révolutions font partie des circonstances dont Dieu use pour créer les Etats[2] et si la volonté humaine elle-même n'est que circonstance, pourquoi serait-il impossible de voir dans les circonstances de la révolution française la déclaration par Dieu de la fin de la royauté[3] ? En affirmant que les débuts de toute institution

1. « Les formes de la souveraineté ne sont point les mêmes partout. » (*Du Pape*, II, 3, Droz p. 136 ; *OC* II pp. 177-178.)
2. Ainsi que l'affirme l'*Essai...*, XII (*OC* I p. 246).
3. Une telle interprétation de la révolution française a été soutenue par un auteur très admiré par Maistre, L. C. de Saint-Martin (cf. sa *Lettre à un ami sur la révolution française* in L. C. de Saint-Martin, *Controverse avec Garat et autres écrits*, Fayard 1990).

politique sont confus et ambigus, le providentialisme ne semble pas pouvoir exclure qu'un Etat
républicain reçoive du temps sa légitimation.

C'est pourtant la seule royauté de droit divin
que doit servir selon Maistre le providentialisme.
La préface de l'*Essai* est explicite : Dieu fait les
rois – non les républiques. Et les droits que la
métapolitique a pour charge de justifier ne sont
pas les droits du peuple mais *les droits du
souverain et de l'aristocratie*. C'est que les droits
du peuple n'ont pas besoin d'une fondation métaphysique : ils sont établis par leur origine historique, qui est connue, puisqu'ils procèdent de la
libéralité du souverain. Les droits du souverain et
de l'aristocratie, en revanche, sont sans origine
historique connue : ils se fondent dans la volonté
divine, laquelle est déclarée non par l'origine mais
par la continuité temporelle. Aussi sont-ils, en tant
que droits d'origine métaphysique, l'objet authentique de la métapolitique. Mais cela revient à dire
que celle-ci a finalement pour thème unique le
droit de la royauté. Les droits du souverain et les
droits de la noblesse ne sont en effet que des
éléments du droit de la royauté, puisque la
noblesse est le « prolongement » naturel de la

royauté[1] et que la limitation des droits du roi par les droits de la noblesse est une pièce essentielle de la royauté.

Maistre sait pourtant distinguer royauté et souveraineté, de même qu'il sait distinguer entre souverain et souveraineté[2]; il sait que la forme de la souveraineté est indépendante de la personne du souverain et que le pouvoir souverain, pouvant être détenu par un corps, n'appartient pas nécessairement à un roi. La préface de l'*Essai* n'en utilise pas moins le terme de souverain – conformément d'ailleurs à l'usage courant – comme s'il était un synonyme de «roi». D'où il faut conclure que la distinction de la royauté et de la souveraineté, pour être réelle, n'en est pas moins secondaire ou négligeable. Tout Etat n'a pas un roi pour souverain, mais le modèle du souverain est le roi. Ainsi que le déclare Maistre à la suite d'une longue tradition : la royauté est le régime *naturel* – non seulement parce qu'il est le plus fréquent et

1. *Du Pape*, III, concl. (Droz p. 293, *OC* II p. 439). La nécessité pour la royauté de s'appuyer sur une aristocratie héréditaire est exposée dans l'*Etude sur la souveraineté*, II, 2, qui définit la monarchie comme «une aristocratie *centralisée*» (*OC* I p. 430).
2. Ces distinctions sont clairement formulées dans *Du Pape*, II, 3 et 5 (Droz p. 136 et 140; *OC* II p. 178 et 184).

le plus universel dans l'histoire de l'humanité, mais encore parce que la royauté est la véritable souveraineté.

En identifiant souveraineté et royauté, le langage courant semble signifier «qu'il n'y a pas de véritable souverain partout où il n'y a pas de roi»[1]. Selon Maistre, tel est bien le cas: la souveraineté tend d'elle-même à la monarchie. D'une part en effet le pouvoir souverain a en tant que tel le caractère d'un pouvoir *un* et *irrésistible*; que le souverain soit donc un monarque ou le peuple, la souveraineté *comme telle* est toujours monarchique: «à proprement parler tous les gouvernements sont des monarchies qui ne diffèrent qu'en ce que le monarque est à vie ou à temps, héréditaire ou éligible, individu ou corps»[2]. D'autre part, lors même que le pouvoir souverain est détenu par une multiplicité de personnes, cette multiplicité est toujours dans les faits dominée par l'autorité de la volonté d'un seul homme – ainsi qu'en témoigne la révolution française elle-même, qui a vu la Convention dominée par un comité lui-même dominé par Robespierre. Les régimes qui n'ont pas forme de monarchie n'en sont pas moins, en fait, des

1. *Etude sur la souveraineté*, II, 2, *OC* I p. 424.
2. *Etude sur la souveraineté*, II, 6, *OC* I p. 501.

monocraties : « même dans le gouvernement de plusieurs, la souveraineté pyramide toujours »[1]. Une république même ne peut s'installer dans la durée qu'en devenant secrètement monarchie ou en faisant officiellement place dans sa constitution à une fonction quasi-monarchique. Les républiques sont de ce fait toujours fondées sur un mensonge : l'idée démocratique qui asseoit leur légitimité sert en réalité à *masquer* la nature nécessairement monarchique de leur gouvernement. A l'opposé, la supériorité de la royauté tient à ce que, assumant l'essence monarchique de la souveraineté, elle repose sur une idée de la légitimité qui ne contredit pas à cette essence.

On comprend dès lors comment, à travers la théorie de la souveraineté, providentialisme et légitimisme royaliste se lient indissolublement. Toute souveraineté est fondée en Dieu ; or la souveraineté par excellence est la royauté ; la royauté est donc par excellence fondée en Dieu. Mais surtout, *seule* la royauté est adéquate au concept de la légitimité qu'implique le providentialisme. La royauté est en effet réglée par des lois qui, comme la loi salique, n'ont été voulues par

---

1. *Cinquième lettre d'un Royaliste savoisien*, éditée par J. L. Darcel, *Revue des Etudes maistriennes* n° 4, Les Belles Lettres 1978, p. 36.

personne mais qui, imposées par les circonstances, ont accru leur autorité au cours de l'histoire. La royauté se distingue par là de la tyrannie aussi bien que de la démocratie. La tyrannie, ne reconnaissant d'autre source du droit que l'arbitraire du tyran, ignore l'idée même de légitimité; la démocratie, plaçant la volonté populaire à la source du droit, méconnaît tout autant la vraie nature de la légitimité, puisqu'elle la fait dépendre d'un arbitraire : celui du peuple[1]. Or la légitimité se définit de ce qu'elle *s'impose* à l'ensemble des volontés du corps politique; elle ne peut donc procéder de ces mêmes volontés. En situant la légitimité dans la *volonté* du peuple, la démocratie repose non seulement sur une fiction (celle que le peuple aurait *une* volonté), mais encore sur une absurdité, puisqu'elle prétend qu'un *instant* de la volonté populaire peut avoir *en tant que tel* valeur constitutionnelle, c'est-à-dire fonder la *permanence* de l'Etat. L'idée démocratique semble ainsi ignorer que « le peuple », étant le composé instable de générations succédant sans cesse les

---

1. « De tous les monarques, le plus dur, le plus despotique, le plus intolérable, c'est le monarque *peuple* » (*Etude sur la souveraineté*, II, 6, *OC* I p. 502). Même idée chez Voltaire, à l'article « tyrannie » du *Dictionnaire philosophique* : « un despote a toujours quelques bons moments; une assemblée de despotes n'en a jamais ».

unes aux autres, est une réalité éminemment *changeante*, incapable d'être par elle-même à l'origine de la stabilité des lois fondamentales qui définissent la légitimité[1].

Par là apparaît la raison pour laquelle Maistre voit une opposition de principe entre le providentialisme et la révolution française, et exclut que la république souhaitée par les révolutionnaires puisse recevoir la consécration du temps. C'est que la république rêvée par la révolution française repose précisément sur la méconnaissance de la *fonction politique du temps*. Les révolutionnaires ont eu le tort de croire qu'une constitution pouvait tenir sa légitimité de la *pureté de l'instant de son origine*, à savoir de la volonté populaire se déclarant elle-même dans la transparence d'un moment fondateur. Or justement les débuts de l'autorité légitime sont toujours incertains et impurs. La légitimité ne procède pas de la plénitude d'une origine mais plutôt d'une absence d'origine – ou encore d'un mystère, source authentique d'autorité parce que fonde-

---

1. A supposer même – ce que Maistre exclut – que la volonté populaire puisse faire une constitution légitime, ce n'est pas de la volonté populaire elle-même que cette constitution tiendrait sa légitimité, mais de sa confirmation par l'épreuve du temps.

ment *insondable* de celle-ci. C'est parce qu'elle est fondée sur le *mystère* que la royauté doit avoir, à la différence de la démocratie, les faveurs de la providence.

C) – Le «mystère» de la royauté ne tient pas seulement à l'obscurité nécessaire de ses origines, mais encore à l'impossibilité où elle est d'*écrire* sa constitution. C'est l'un des thèmes centraux de l'*Essai* : le providentialisme a selon Maistre cette importante conséquence que les constitutions ne *peuvent* ni ne *doivent* être écrites[1]. Une constitution ne reçoit en effet sa forme et sa signification véritables que de la durée. Dès lors, écrire une constitution revient à l'*affaiblir* puisque cela revient à la *fixer*, c'est-à-dire à en entraver le développement futur en la privant de sa capacité d'adaptation à l'imprévisible diversité des circonstances. Il n'est possible de prévoir par écrit ni les situations auxquelles un régime aura à faire face ni l'évolution de sa constitution, évolution qui seule en révélera le sens[2]. La loi ne peut pas même régler à l'avance certaines situations prévisibles

1. Cf. sur ce point Y. Madouas, «la critique de l'écriture chez Joseph de Maistre», *Revue de métaphysique et de morale* n° 3/1971.
2. Cf. *Essai*, XXIII, *OC* I p. 259.

mais exceptionnelles et qui, en raison même de leur caractère exceptionnel, ne pourraient être réglées par la loi sans que l'Etat fût du même coup mis en danger[1]. Ainsi que le déclare un adage que Maistre aime à citer[2] : *expressa nocent, non expressa non nocent.* Une certaine indétermination est donc essentielle aux lois fondamentales : elles échappent à la codification ; fondements du droit positif, elles ne peuvent prendre la forme du droit positif.

Mais la thèse que toute constitution doit faire place au vague jette elle-même un certain vague sur l'idée que Maistre se fait de la royauté. Certes, les choix politiques fondamentaux de Maistre n'ont rien d'ambigu : il est clairement partisan de la royauté héréditaire de droit divin, appuyée sur

1. Exemple d'une situation exceptionnelle et prévisible mais qui ne doit cependant jamais être réglée par la loi : le cas de la folie du souverain. Ce cas ne peut être résolu que par la déposition du souverain. Il est cependant exclu de régler constitutionnellement les conditions de la déposition du souverain : un tel règlement équivaudrait à dépouiller le souverain de sa souveraineté. « Que ferait-on si le roi d'Angleterre était incommodé au point de ne pouvoir plus remplir ses fonctions ? On ferait ce qu'on a fait, ou peut-être autrement ; mais s'ensuivrait-il par hasard que le parlement fût au-dessus du roi ? » (*Du Pape*, I, 3, Droz p. 40, *OC* II p. 22.)

2. Cf. *OC* XII pp. 55-56.

une aristocratie héréditaire. Dans la mesure cependant où elle se fonde sur « l'horreur de la volonté », la pensée maistrienne exclut tout « programme » politique[1]; elle ne définit donc pas les limites et prérogatives exactes qui doivent être celles du pouvoir royal. De là l'ambiguïté politique de sa défense de la royauté[2], ambiguïté que reflète la divergence des interprétations qui en ont été données. On peut en effet constater, parmi les interprétations dont la pensée maistrienne fait l'objet, l'existence de deux grandes tendances difficilement compatibles. Selon l'une, Maistre est « l'ami du bourreau »[3], un Grand Inquisiteur dont la pensée allie machiavélisme et théocratie au service du *despotisme*. Selon l'autre, Maistre est avant tout un critique du despotisme impliqué dans le projet révolutionnaire; on doit voir en lui un conservateur libéral, ou encore un réformateur modéré, partisan d'une monarchie *limitée*.

1. Cf. S. Rials, *Révolution et Contre-révolution au XIXe siècle*, DUC/Albatros 1987, pp. 47 sqq.

2. Cette ambiguïté a été relevée par B. Binoche dans son ouvrage *Critiques des droits de l'homme*, Puf 1989, pp. 46-48.

3. L'expression est de Stendhal (*Correspondance*, Paris 1908, t. II pp. 388-389). Elle fait allusion au célèbre passage des *Soirées de Saint-Pétersbourg* où Maistre présente le bourreau comme un être sacré créé spécialement par Dieu (cf. *OC* IV pp. 31-34).

La difficulté est que l'une et l'autre interprétation peuvent s'autoriser de textes eux-mêmes apparemment dépourvus de toute ambiguïté. Il est incontestable que Maistre, qui a fait clairement l'éloge du gibet[1], de l'esclavage[2], de l'inquisition et de la persécution religieuse[3], tenait le despotisme pour un régime parfaitement légitime dans les pays où il était établi (comme la Turquie ou la Russie)[4]. Mais il n'est pas moins incontestable que sa défense de la souveraineté monarchique contre les idéaux révolutionnaires s'est toujours accompagnée de la mise en évidence des nécessaires limites du pouvoir royal[5]; non seulement Maistre n'était pas partisan de l'absolutisme royal[6], mais

1. Cf. *OC* XII p. 115.

2. « Les deux ancres de la société (...) sont la religion et l'esclavage » (*OC* VIII p. 284).

3. Cf. ses *Lettres sur l'Inquisition espagnole* (*OC* III pp. 285-401) et ses *Réflexions sur le protestantisme* (*OC* VIII pp. 63-97; repris in Joseph de Maistre, *Ecrits sur la révolution*, textes choisis et présentés par J. L. Darcel, Puf 1989, pp. 219-239).

4. Cf. *OC* I pp. 538-544, VIII pp. 279-295.

5. Cf. notamment *Du Pape*, II, 3.

6. Maistre affirme très souvent dans ses lettres que l'absolutisme est condamné et que la monarchie ne pourra se maintenir qu'en renonçant à être absolue. Cf. sa *Correspondance à Vignet des Etoles*, éditée par J. L. Darcel in *Revue des Etudes maistriennes* n° 10, Les Belles Lettres 1986-1987, en particulier p. 67, 73, 81, 94, 106.

encore il ne voyait pas de meilleur argument en faveur de la monarchie que sa capacité à assurer le maximum de liberté et d'égalité effectives pour le plus grand nombre d'hommes possible[1]. Aussi certains interprètes ont-ils pu douter de la cohérence d'une pensée qui se présente tantôt comme «absolutiste», puisqu'elle légitime le pouvoir souverain jusque dans ses violences et ses abus, et tantôt comme «libérale», puisqu'elle insiste sur la nécessité où est le roi de «ne pas trop gouverner».

Il est vrai que la thèse de l'irrésistibilité du pouvoir souverain n'est pas incompatible avec le libéralisme, comme on le voit chez Hobbes ou chez Kant; et que ce sont des penseurs «libéraux», les physiocrates, qui, avant Maistre, ont réhabilité la notion de despotisme. Mais si l'éloge physiocratique du «despotisme légal» pouvait avoir en son temps une signification libérale, il n'en est pas de même de l'éloge maistrien de la persécution religieuse. Lors même qu'il ne fait que les reprendre littéralement, les thèmes physiocratiques n'ont plus chez Maistre en 1814 la signification qui était la leur en 1760. Il convient de ne pas oublier que, sur l'échiquier politique de

1. Cf. *OC* I p. 437.

son temps, Maistre se situe comme son ami Bonald
à «l'extrême-droite», parmi les plus «ultras»
des «ultras». A parler du «libéralisme» de
Maistre, on risque d'oublier que c'est à l'époque
en un Benjamin Constant que s'incarne le libéralisme, et que Maistre est un adversaire déclaré
des principes politiques que défend Benjamin
Constant[1]. Dans la mesure où il refuse de penser
la politique dans l'horizon du droit et de la liberté,
le «libéralisme autoritaire»[2] de Maistre *s'oppose*
au libéralisme proprement dit.

La pensée maistrienne est à strictement parler
«antilibérale» et cependant il semble qu'on doive
hésiter à la qualifier d'«absolutiste»: comment
résoudre cette difficulté? L'*historicisme* maistrien fournit une première réponse. Cet historicisme, qui consiste à fonder le droit moral et
politique dans le fait de l'histoire, est la conséquence nécessaire du providentialisme; c'est en

1. Les *Considérations sur la France* ont été écrites
pour réfuter l'opuscule de Constant *De la force du gouvernement actuel de la France et de la nécessité de s'y rallier.*
La pensée de Constant tente de mettre l'historicisme au
service du libéralisme.
2. Certaines formes du libéralisme – en particulier du
libéralisme économique – peuvent s'accompagner d'un
autoritarisme politique. Cf. A. Tosel, «l'impensable du
libéralisme», in *La pensée* nov.-déc. 1990.

effet parce que le *fait de la volonté divine* fonde le *droit de l'histoire* que le *fait* de l'histoire, à son tour, fonde le droit de la royauté et que le fait du passé fonde le droit du présent. Et c'est en vertu de cet historicisme que la pensée maistrienne peut sembler à la fois favorable et hostile à l'absolutisme royal.

L'historicisme est antilibéral dans la mesure où il exclut que la liberté soit un idéal ayant valeur par soi, indépendamment de la réalité de l'histoire. L'histoire en effet montre que la société précède toujours l'individu, qui en est le produit ; elle oblige à dénoncer comme un mythe l'explication de la société politique par un contrat originaire passé entre individus volontaires et libres. Mais cela signifie qu'elle oblige aussi à récuser les principes fondateurs du libéralisme, à savoir d'une part la représentation d'un état de nature prépolitique révélant la liberté originaire de l'homme, et d'autre part l'idéal d'une reconquête de cette liberté présentée comme une possibilité commune de la nature humaine. La liberté n'est rien d'autre qu'une fonction sociale : elle ne peut exister que sous la forme de certains droits relatifs, c'est-à-dire de certains privilèges accordés à des groupes (et non à des individus) en vertu des besoins de la société. Autrement dit, l'*hétéronomie* est la condition de toute liberté réelle, qu'elle soit individuelle ou collective ; la liberté dépend toujours de la soumission des individus à une loi qui les dépasse. L'idéal d'autonomie qui est au principe du libéralisme est par là radicalement invalidé, et l'autoritarisme maistrien, qui admet la possibilité de la légitimité du despotisme, trouve sa justification.

Mais l'historicisme n'exclut pas que la liberté soit elle-même reconnue comme une *donnée historique irréductible* en *certains* lieux et en *certains* temps. La liberté, comprise comme privilège particulier d'un groupe particulier, peut être elle-même un fait historique, une composante de la coutume ou de la tradition. Elle constitue en ce cas un droit qui vient limiter l'absolutisme. De là les accents « libéraux » que prend la pensée maistrienne lorsqu'elle constate l'impossibilité de la monarchie absolue dans l'Europe moderne. Ce « libéralisme » reste toutefois *dominé* par l'autoritarisme. La liberté ne vaut que justifiée par la coutume ou la tradition ; elle n'appartient pas à l'essence du politique, mais n'est que l'une de ses circonstances possibles. Son statut historique est d'ailleurs celui de l'exception, le fait historique universel n'étant pas la liberté mais la domination. L'histoire déclare la nécessité de la monarchie avant de déclarer la possibilité de sa limitation constitutionnelle.

D) – Cette possibilité, qui est secondaire du point de vue de l'essence du politique, a dans le contexte européen le caractère d'une exigence incontournable : la monarchie européenne, absolue en tant que monarchie, n'en est pas moins une monarchie « limitée » par les libertés de ses sujets. Par là se résout de nouveau l'apparente ambiguïté de la défense maistrienne de la royauté. Cette ambiguïté tient en effet d'abord à ce que Maistre maintient la définition classique de la royauté comme souveraineté à la fois absolue et limitée – absolue en vertu de l'irrésistibilité du pouvoir souverain en tant que tel[1], limitée en vertu de la soumission aux lois fondamentales qui différencie le roi du tyran[2]. Maistre n'a aucune peine à montrer que cette formule n'implique aucune contradiction : « on peut dire également, sous deux points de vue différents, *que toute souveraineté est limitée*, et que *nulle souveraineté n'est*

1. « Toutes les souverainetés possibles (...) agissent nécessairement comme infaillibles ; car tout gouvernement est absolu ; et du moment où l'on peut lui résister sous prétexte d'erreur ou d'injustice, il n'existe plus. » (*Du Pape*, I, 1, Droz p. 27, OC II p. 2.)
2. Cf. *Du Pape*, III, 4.

limitée. Elle est limitée en ce que nulle souveraineté ne peut tout ; elle ne l'est pas, en ce que
dans son cercle de légitimité, tracé par les lois
fondamentales de chaque pays, elle est toujours et
partout absolue, sans que personne ait le droit de
lui dire qu'elle est injuste ou trompée. La légitimité ne consiste donc pas à se conduire de telle ou
telle manière dans son cercle, mais à n'en pas
sortir. »[1]

C'est dans l'*Essai* que cette définition de la
légitimité, formulée dans *Du Pape*, reçoit son
authentique fondation. L'*Essai* a en effet ceci de
remarquable que le droit politique y est pensé
pour soi et non à partir de l'irrésistibilité de la
souveraineté ; l'*Essai* se différencie par là des
autres œuvres de Maistre, notamment de *Du Pape*.
L'argumentation développée dans *Du Pape* reconnaît certes la limitation de la souveraineté par
les lois fondamentales ; mais, parce que son objet
premier est d'établir l'irrésistibilité du pouvoir
souverain, elle prend le plus souvent un tour
« décisionniste » qui tend à refouler à l'arrière-
plan la notion de légitimité. Maistre y radicalise en
effet la critique du droit de résistance jusqu'à

1. *Du Pape*, II, 3 (Droz p. 136, *OC* II p. 178). On
voit que le « libéralisme » maistrien ne fait en son principe
qu'expliciter la logique de l'absolutisme.

soutenir que les décisions de la volonté souveraine, *quel que soit leur contenu*, doivent être
tenues pour *infaillibles* (ce qui implique non
seulement qu'elles soient irrésistibles mais encore
qu'il ne soit pas même permis de les critiquer); la
souveraineté est ainsi justifiée en tant que pur
pouvoir de décision, l'important n'étant pas
qu'une question «soit décidée de telle ou telle
manière, mais qu'elle le soit sans retard et sans
appel»[1].

Le providentialisme exposé dans l'*Essai*
atténue la tendance décisionniste de la pensée
maistrienne. Non qu'il contredise la théorie de
l'irrésistibilité de la souveraineté: il l'implique au
contraire, puisque la thèse de l'origine divine de
l'autorité politique oblige à condamner toute
résistance au souverain comme une rébellion
contre Dieu[2]. Mais, en insistant sur la nécessité

1. *Du Pape*, I, 19 (Droz p. 122, *OC* II p. 155). Carl
Schmitt dans sa *Théologie politique* (trad. J. L. Schlegel,
Gallimard 1988, p. 64 et 74) cite cette formule à l'appui de
son propre décisionnisme.
2. On pourrait certes s'étonner de ce que rien dans
l'*Essai* n'annonce les deux thèses qui feront l'essentiel de
Du Pape: l'infaillibilité de la souveraineté et le droit de la
papauté de délier les sujets de leur devoir d'obéissance au
souverain. Mais il convient de remarquer que, si l'*Essai* ne
développe pas la théorie de la souveraineté proprement dite,
il n'en déclare pas moins la souveraineté «la chose la plus

que la source de l'autorité soit transcendante, l'*Essai* soumet clairement la souveraineté à une loi qui la dépasse. Le pouvoir souverain ne tient pas son droit de lui-même, mais d'une loi qui l'oblige et en vertu de laquelle seulement il a lui-même pouvoir d'obliger. Il avait pu arriver à Maistre, tandis qu'il réfléchissait sur le seul phénomène de la souveraineté, d'identifier toute loi à une volonté du souverain[1] ; l'*Essai* corrige cette affirmation en plaçant les lois fondamentales hors de portée non seulement de la volonté du peuple, mais encore de la volonté souveraine. Ce que la volonté a fait, la volonté peut le défaire ; ce n'est donc qu'à la condition de ne pas émaner de la volonté humaine que les lois fondamentales peuvent avoir valeur d'obligation. « L'essence d'une loi fondamentale est que personne n'ait le droit de l'abolir :

importante, la plus sacrée, la plus fondamentale du monde moral et politique » (*EPG*, XLVII, *OC* I p. 286). D'autre part, la proposition de la limitation du pouvoir royal par la puissance pontificale suppose que soit reconnue la limitation de droit du pouvoir royal ; à cet égard, la problématique de *Du Pape* est complémentaire de celle de l'*Essai* : *Du Pape* indique les moyens concrets d'une limitation dont l'*Essai* expose la légitimité.

1. « Toute loi est faite par un souverain », *5e Lettre d'un Royaliste savoisien*, éditée par J. L. Darcel in *Revue des Etudes maistriennes* n° 4, Les Belles Lettres 1978, p. 55.

or, comment sera-t-elle au-dessus de *tous*, si *quelqu'un* l'a faite ?»[1]

Le point remarquable est ici que le providentialisme permet à Maistre de préciser le statut des lois fondamentales – statut qui dans la théorie classique de la royauté n'allait pas sans équivoque. La théorie classique de la royauté affirme la soumission du roi aux lois naturelles en même temps que son pouvoir de faire et de défaire le droit positif. C'est même *parce qu'*il est soumis aux lois naturelles que le souverain ne peut pas être soumis aux lois positives : puisque les lois positives peuvent différer du droit naturel, il faut qu'elles puissent être modifiées de façon à être rendues plus conformes à l'idée du droit. Or une telle modification n'est possible que si le prince a le pouvoir d'agir sans être enchaîné par les lois – ce qui suppose que son pouvoir soit irrésistible. C'est donc la distinction même du droit naturel et du droit positif qui conduit à affirmer l'irrésistibilité du pouvoir souverain, celle-ci étant la condition requise pour que le souverain puisse conformer les lois positives aux lois rationnelles ou naturelles. De la distinction du droit naturel et du droit positif s'ensuit ainsi le refus du droit de

1. *Essai*, II, *OC* I p. 236.

résistance, qui ne peut s'autoriser ni du droit naturel (lequel oblige à respecter la volonté souveraine) ni du droit positif (lequel procède de la volonté du souverain). Cette argumentation est nécessaire, mais elle produit une double équivoque : d'une part, la distinction du droit naturel et du droit positif devient obscure puisque le droit positif semble bénéficier de la même légitimité que le droit naturel ; d'autre part, le statut des lois fondamentales devient imprécis : dans la mesure où celles-ci sont du droit positif, il devient difficile de comprendre comment la volonté souveraine peut leur être soumise.

L'historicisme maistrien maintient et renouvelle à la fois la théorie de la royauté en résorbant cette double équivoque dans le concept de « constitution naturelle ». Ce concept permet à Maistre d'*identifier* les lois naturelles et les lois fondamentales : aucun pays ne peut avoir d'autre constitution que sa constitution *naturelle* – ce pourquoi aucune constitution ne peut être écrite ni décidée par la volonté humaine. Seules les lois qui *conviennent naturellement* à une société peuvent en constituer les lois fondamentales ; et les lois fondamentales ne sont à leur tour rien d'autre que les lois qui sont naturelles à la société dont elles forment la constitution. De là une double conséquence : d'une part, les lois fondamentales, en tant que lois naturelles, sont clairement mises hors d'atteinte de la volonté souveraine ; d'autre part, le concept de la relation du droit positif et du droit naturel voit sa signification transformée.

La relation du positif et du naturel n'est plus conçue par Maistre à travers l'opposition du réel et du rationnel, ni à travers celle de l'état politique et de l'état prépolitique, ni même à travers celle de l'artefact et de la nature. La distinction du droit naturel et du droit positif ne renvoie désormais à rien d'autre qu'à la distinction des lois fondamentales (déclarées par la nature de la société historique dont elles sont les lois) et des lois non constitutionnelles (déclarées par la volonté du souverain) [1]. Il convient toutefois de remarquer que les lois non constitutionnelles ne doivent leur propre légitimité qu'aux lois constitutionnelles qui définissent la forme de la souveraineté et accordent au souverain le pouvoir de faire et de casser la loi. Le droit positif lui-même apparaît ainsi comme une émanation *naturelle* du droit naturel,

---

1. La pensée de Maistre est ici en parfait accord avec celle de Bonald qui, dans son *Essai analytique sur les lois naturelles de l'ordre social*, identifie loi naturelle et loi fondamentale en précisant qu'en toute rigueur « toutes les lois doivent être *naturelles* » (*Œuvres complètes* I, Slatkine 1982, p. 136).

c'est-à-dire des lois fondamentales. Le droit positif est donc «naturalisé», tandis que le droit naturel prend de son côté l'allure d'un droit «positif» en ce que son contenu est déclaré par la réalité historique du corps social. L'idée de loi naturelle est historicisée : puisque la volonté divine se déclare à travers le fait de l'histoire, la loi naturelle n'est rien d'autre que la loi des faits historiques. Elle ne transcende pas la réalité politique mais n'est rien d'autre que l'ensemble des lois immanentes à cette réalité. Ces lois sont certes fondées dans la transcendance divine[1]; mais elles n'ont elles-mêmes aucun caractère de transcendance. Le droit naturel se voit ainsi identifié à la *nécessité*[2] naturelle – laquelle est elle-même une nécessité *historique* – dont procède à son tour le droit positif. Droit positif et droit naturel désignent ainsi deux moments d'une *même réalité*

---

1. Ce pourquoi la pensée maistrienne ne supprime pas en elle toute trace de l'idée classique d'un droit naturel anhistorique : *Du Pape* (II, 10, Droz p. 194, *OC* II p. 275) distingue la «légitimité» et la «justice». Mais cette distinction n'est dans la pensée maistrienne qu'un arrière-plan lointain qui n'est jamais thématisé.

2. *Du Pape*, I, 4, (Droz p. 43, *OC* II p. 27) utilise «nécessaire» et «de droit naturel» comme des expressions synonymes.

naturelle : la société politiquement organisée –
dont l'idéal d'organisation est la royauté.

E) – La définition maistrienne de la loi naturelle – comprise non plus comme une loi anhistorique transcendant la réalité du droit politique
positif, mais comme la loi fondamentale du développement organique de ce même droit positif –
parvient à asseoir de manière cohérente la théorie
de la légitimité royale sur un historicisme providentialiste. Mais l'histoire devait montrer que ce
providentialisme manquait lui-même d'une assise
stable.

Le providentialisme maistrien impliquait une
prédiction précise, celle de la restauration de la
royauté de droit divin. Cette restauration devait
s'entendre au sens le plus fort du terme : non pas
comme un simple rétablissement, mais comme un
accroissement de force et d'autorité. Maistre
n'hésitait pas à annoncer que la contre-révolution
serait « angélique » ou ne serait pas[1] : la royauté
restaurée ne pouvait manquer d'être plus forte et
plus sainte encore qu'elle ne l'était sous l'ancien
régime.

Or la restauration attendue n'a pas eu lieu.
Maistre lui-même fut le premier à constater la

1. Cf. *OC* XIV pp. 148-149.

trahison de la royauté par l'histoire. Il s'était très tôt inquiété de ce que la contre-révolution manquât de base[1]; en 1821, peu de temps avant sa mort, il prophétisait une nouvelle révolution qui chasserait une seconde fois les Bourbons du trône de France[2]. Aussi lui arrive-t-il, dans ses dernières lettres, d'exprimer son «dégoût» et son «découragement»[3]; on connaît d'ailleurs sa célèbre exclamation, si souvent citée: «je meurs avec l'Europe, je suis en bonne compagnie»[4]. C'est la *tristesse* qui semble ainsi être le dernier mot de la pensée maistrienne.

Cette tristesse vient de ce que la pensée n'a pas été en mesure de surmonter le déclin de l'autorité: la fondation historiciste de la royauté n'a pas suffi à sauver la royauté de l'histoire. Les raisons de la tristesse maistrienne sont donc assurément à chercher d'abord dans l'histoire. Mais elles tiennent aussi aux difficultés propres au providentialisme élaboré par Maistre.

Ces difficultés sont d'abord celles que la pensée maistrienne, dans la mesure où elle entend

1. Cf. *OC* XIII p. 156: «si la contre-révolution n'est pas divine, elle est nulle. – Mais où sont les éléments de cette contre-révolution?»
2. Cf. *OC* XIV p. 285.
3. Cf. *OC* XIV p. 101.
4. *OC* XIV p. 183.

fonder le droit sur le fait, partage avec tout historicisme[1]. En cherchant les principes du droit naturel dans les lois factuelles de l'histoire, Maistre tend à retirer à la notion de droit naturel sa valeur proprement *normative*. Est de droit naturel ce qui est historiquement nécessaire : mais la nécessité historique se réalise, ainsi que Maistre le souligne, indépendamment des volontés humaines qui n'en sont que les circonstances. L'historicisme maistrien tend ainsi à supprimer la possibilité même d'une action orientée selon des normes, puisque les hommes ne peuvent jamais savoir, dans le moment de leur action, ce que Dieu vise à travers la confusion des circonstances. La royauté ne peut être sauvée que par des réformes ; mais comment réformer la royauté, s'il est vrai que «toute constitution politique a des défauts essentiels qui tiennent à sa nature et qu'il est impossible d'en séparer»[2] ? Comment tirer du fait une norme susceptible de rectifier le fait ?

1. Les difficultés propres à l'historicisme comme tel ont été analysées par Léo Srauss dans *Droit naturel et histoire*. Les difficultés spécifiques à l'historicisme de la pensée contre-révolutionnaire ont été analysées par G. Gengembre dans *La Contre-Révolution ou l'histoire désespérante* (Imago 1989). On ne peut que renvoyer à ce dernier ouvrage.

2. *Essai*, XLI, *OC* I p. 280.

Il est vrai que la fondation providentialiste de l'historicisme semblait éviter cette difficulté en faisant remonter le fait de l'histoire à son origine non factuelle : la volonté divine, authentique source de droit. Ainsi que nous l'avons déjà dit, le providentialisme semble corriger la tendance décisionniste de la pensée maistrienne. La souveraineté tient son droit de la volonté divine et non de sa simple existence de fait.

Mais, si les rois sont à l'image de Dieu, Dieu est à l'image des rois ; la volonté divine a elle-même le caractère d'une volonté suprêmement souveraine. Il est vrai en ce sens que toute loi est faite par un souverain : les lois naturelles elles-mêmes ne sont rien d'autre que des volontés de la souveraineté divine. Or cette souveraineté tient son droit du seul fait de sa réalité. La volonté divine n'a besoin que d'exister pour être justifiée. Dans les *Soirées de Saint-Pétersbourg*, Maistre va jusqu'à déclarer que la volonté divine, parce qu'elle est souveraine, devrait être obéie même si elle était injuste et cruelle [1]. Il apparaît ainsi que le providentialisme, s'il corrige le décisionnisme de la théorie maistrienne de la souveraineté, n'en est pas moins lui-même fondé sur une représentation

---

1. Cf. *OC* V pp. 105-106.

décisionniste de la souveraineté – représentation qui s'incarne dans l'hypothèse du Dieu despote[1].

Le fondement de la royauté est donc pour finir abyssal. De là vient que Maistre ne tente jamais une explication proprement historique de ce qui fit la force (ou la faiblesse) de la royauté – par exemple de ses bases sociales ou de sa politique juridique et administrative. De là vient encore que Maistre ne puisse expliquer la révolution française autrement que comme un miracle – c'est-à-dire un événement inintelligible en son fond.

Inintelligible, l'histoire ne pouvait être dominée. Après la mort de Maistre, la décomposition du légitimisme royaliste était inévitable. Tandis que la démocratie confortait ses victoires, trois possibilités s'offraient aux héritiers de la pensée maistrienne. La première était le désespoir – voie cultivée par Baudelaire ou Barbey d'Aurevilly, chez qui la haine de la démocratie devint posture de dandy. La seconde était le sacrifice de la royauté sur l'autel du providentialisme, lequel obligeait à reconnaître la volonté de la providence dans le progrès irrésistible de la démocratie – ce fut la voie suivie par Ballanche ou Lamennais. La

---

1. Mirabeau père déjà avait défini Dieu comme « le *despote* qui nous permet de respirer » (cité par F. Bluche, *Le despotisme éclairé*, coll. Pluriel p. 344).

troisième était l'abandon du providentialisme au profit du maintien des principes de l'argumentaire royaliste, qui dès lors tendaient à quitter le terrain du légitimisme pour celui d'une philosophie de la dictature ayant perdu toute amarre éthique – ce fut la voie de Carl Schmitt[1] et de Charles Maurras[2]. C'était là la matière d'un paradoxe ultime : en effet, tandis que les héritiers de la contre-révolution faisaient passer la haine de la démocratie avant le respect de la légitimité royale, les royautés destinées à durer se préparaient quant à elles à rejoindre le camp de la démocratie.

1. Cf. R. Wolin, « Carl Schmitt, l'existentialisme politique et l'Etat total », in *Les Temps modernes* n° 523, février 1990.

2. Cf. l'éloge que celui-ci fait du fascisme italien dans *Mes idées politiques*, Fayard 1937, p. LXVII.

Table des matières

ACHEVÉ D'IMPRIMER
EN   MAI   1992
PAR L'IMPRIMERIE
DE LA MANUTENTION
A MAYENNE
N° 186-92